LES

MOHICANS

DE PARIS

PAR

ALEXANDRE DUMAS

12

PARIS
ALEXANDRE CADOT, ÉDITEUR
37, rue Serpente.

1855

LES MOHICANS DE PARIS.

Ouvrages de George Sand.

Adriani	2 vol.
Mont-Revêche	4 vol.
La Filleule	4 vol.
Les Maîtres Sonneurs	4 vol.
François le Champi	2 vol.
Piccinino	5 vol.
Le Meunier d'Angibault	3 vol.
Lucrezia Floriani	2 vol.
Teverino	2 vol.
La Mare au Diable	2 vol.

Ouvrages de Paul Duplessis.

Les grands jours d'Auvergne.
Première partie, *Raoul Sforzi*	5 vol.
Deuxième partie, *Le gracieux Maurevert*	5 vol.

Les Étapes d'un Volontaire.
Première partie, *Le Roi de Chevrières*	4 vol.
Deuxième partie, *Moine et Soldat*	4 vol.
Troisième partie, *Monsieur Jacques*	4 vol.
Le Capitaine Bravaduria	2 vol.
La Sonora	4 vol.

Sous presse :

Les Pervertis.
Un monde inconnu.
Le Grand-Justicier du roi.

Ouvrages de Paul de Kock.

Un Monsieur très tourmenté	2 vol.
Les Étuvistes	8 vol.
La Bouquetière du Château-d'Eau	6 vol.

Fontainebleau, Imp. de E. Jacquin

LES
MOHICANS
DE PARIS

PAR

ALEXANDRE DUMAS

12

PARIS
ALEXANDRE CADOT, ÉDITEUR
27, rue Serpente

1855

I

Où l'auteur a l'honneur de présenter M. Fafiou
à ses lecteurs.

Au moment où La Gibelotte mettait les soixante-quinze francs cinquante centimes dans sa poche, où Croc-en-Jambe, complétement ivre, poussait son premier ronflement, où Salvator, qui venait de jeter sur la table une somme considérable pour un homme de son état, consentait, sur l'invitation de la petite voix douce, à faire pour dix sous une course d'une demi-lieue, Barthélemy-le-Long apparut sur la porte du cabaret de la *Coquille d'Or*, tenant à son bras mademoiselle Fifine, c'est-à-dire cette femme qui, s'il fallait en croire Salvator, avait une si puissante influence sur la vie de l'ouvrier charpentier.

Mademoiselle Fifine n'avait rien, au premier abord, qui justifiât cette puissance inouïe, si ce n'est que c'est une des lois d'équilibre de la nature que la force soit parfois soumise à la faiblesse. C'était une grande fille de vingt à vingt-cinq ans, rien n'est difficile comme de dire l'âge précis d'une femme du peuple de Paris, vieillie avant l'âge par la misère ou la débauche; sa tête pâle, aux yeux bistrés, était nue, avec des cheveux blonds qui eussent été superbes aux tempes d'une femme du monde, mais qui perdaient la moitié de leur valeur à être mal soignés; le cou était maigre, mais bien attaché, et assez gracieux dans sa faiblesse même? les mains étaient belles, plus pâles que blanches; une élégante en eût fait disparaître les défauts, en eût doublé les qualités, et serait arrivée, avec ces mains-là, à être citée pour ses mains; tous le corps ondoyant sous son grand châle de laine et sous sa robe de soie un peu passée, avait le flexible balancement du serpent et de la sirène; on eût dit qu'en le laissant sans appui il se fût courbé comme un jeune peuplier sous le vent ; ce qui dominait, enfin, dans tout cet ensemble, c'était une espèce de luxure paresseuse, qui n'était pas sans charme, et qui, on le voit du moins par l'influence prise sur Jean Taureau, n'avait pas été sans résultat.

Lui avait la joie et la fierté peintes sur le front. Soit caprice, soit indifférence, mademoiselle Fifine ne consentait pas souvent à sortir avec lui, excepté quand il lui offrait de la conduire au spectacle ; mademoiselle Fifine adorait le spectacle, mais ne voulait aller qu'à l'orchestre ou aux premières galeries, ce qui emportait tout de suite une journée du travail de Jean Taureau et l'empêchait de faire jouir aussi souvent qu'il l'eût voulu mademoiselle Fifine de cette aristocratique récréation.

Mademoiselle Fifine avait toujours eu une ambition, c'était de se mettre au *théihâtre*. C'est ainsi qu'elle prononçait le mot qui représentait l'objet de son ambition. Malheureusement, elle n'avait pas les protections nécessaires, puis aussi le vice de prononciation que nous venons de signaler lui avait-il peut-être nui dès les débuts de sa carrière.

A défaut de premier rôle, à défaut de rôle secondaire, même à défaut de bouts de rôle, mademoiselle Fifine se fût contentée de figurer, et peut-être cette ambition moins élevée que l'autre eût-elle été satisfaite, si Jean Taureau ne lui avait pas signifié qu'il ne voulait pas d'une baladine pour sa maîtresse, et qu'il lui casserait les reins si elle montait sur les planches.

Mademoiselle Fifine se moquait fort de la menace de Jean Taureau ; elle savait que Jean Taureau ne lui casserait rien du tout, et que c'était elle, au contraire, qui, lorsqu'elle le voudrait, plierait Jean Taureau comme un jonc. Dix fois, dans ses moments de rage, la main du charpentier s'était levée sur sa maîtresse, prête à l'anéantir en retombant ; mais elle s'était contentée de dire :

— C'est ça; battez une femme ! c'est du beau, allez !

Et la main était retombée inerte comme celle d'un enfant.

Jean Taureau avait la fierté de sa force ; à moins d'être horriblement monté soit par la jalousie, soit par l'ivresse, il ne se heurtait qu'aux vrais obstacles, méprisant de renverser ce qui ne résistait pas.

Jean Taureau, outre ses moments d'ivresse ou de jalousie, avait encore d'autres moments pendant lesquels il faisait assez mauvais de se frotter.

C'étaient ses moments de remords.

De remords et non de repentir, entendons-nous bien.

Jean Taureau, sous son nom de Barthélemy-le-Long, avait, dix ans auparavant, épousé en légitime mariage une femme douce, honnête, travailleuse, dont il avait commencé par avoir trois enfants. Au bout de six ans de bonheur, il avait rencontré mademoiselle Fifine, et dès ce jour avait daté la vie orageuse qu'il menait, laquelle sans le rendre heureux lui-même, faisait le malheur de sa femme et de ses enfants, qui n'avaient du mari et du père que les heures maussades ou fatiguées.

Le charpentier sentait bien que sa femme l'aimait véritablement, tandis que mademoiselle Fifine ne se donnait pas même la peine de faire semblant de l'aimer.

Non, ce que mademoiselle Fifine eût aimé, eût adoré, l'*être* pour lequel elle eût fait des folies, c'eût été un acteur.

Comment Barthélemy-le-Long tenait-il tant à une femme qui tenait si peu à lui, et comment mademoiselle Fifine, tenant si peu à lui, restait-elle avec Barthélemy-le-Long ?

C'est ce que Descartes seul, l'inventeur des atomes crochus, pourrait nous expliquer, ce que chacun de nous a éprouvé une fois dans sa vie, ce qui se résume par ce mot d'un de mes amis à qui je demandais, à propos de lui et de sa maîtresse :

— Mais ne vous aimant pas davantage, pourquoi restez-vous ensemble ?

— Que veux-tu, nous nous détestons trop pour nous séparer.

Mademoiselle Fifine avait un enfant de Barthélemy-le-Long. Barthélemy-le-Long adorait cet enfant ; c'était avec cet enfant surtout qu'elle pliait le colosse, qu'elle le faisait aller et venir, comme avec l'appât

le pêcheur fait aller et venir le poisson.
Dans ses jours de méchanceté, quand elle
avait besoin, on ne sait pourquoi, du désespoir de ce malheureux, elle lui disait
de sa voix traînante :

— Ta fille? Qu'est-ce que tu dis ta fille?
T'as pas le droit de l'appeler ta fille, puisque t'es marié et que tu ne peux pas la reconnaître, d'ailleurs, qui te dit que c'est
de toi c't enfant-là; elle ne te ressemble
pas.

Et alors cet homme, ce lion, ce rhino-
céros se roulait, se tordait, mordait le
plancher avec des hurlements de rage,
criant :

— Oh ! la malheureuse ! oh ! la déhontée ! elle dit que mon enfant n'est pas de moi.

Mademoiselle Fifine regardait le dogue râlant, avec cet œil vitreux des femmes sans cœur ; un méchant sourire retroussait ses lèvres, montrant ses dents pointues comme celle de l'hyène.

— Eh bien ! non, disait-elle, elle n'est pas de toi, pisque tu veux le savoir.

Alors Barthélemy-le-Long redevenait Jean Taureau : il se relevait rugissant ; il bondissait sur cette femme aux membres grêles comme ceux d'une araignée ; il levait sur elle son poing lourd comme le marteau d'un cyclope.

Elle, alors, se contentait de dire :

— C'est ça, battez une femme ; c'est du beau, allez.

Alors Jean Taureau enfonçait ses mains dans ses cheveux, et délirant, hurlant, rugissant, ouvrait la porte d'un coup de pied, se précipitait par les escaliers, et malheur à l'Hercule du Nord, à l'Alcide du midi qu'il eût rencontré ; il n'y avait que la faiblesse qui pût trouver grâce devant lui.

C'était un de ces soirs-là qu'il avait rencontré les trois amis au tapis-franc de Bordier.

Nous savons comment les choses s'étaient passées et comment le drame eût fini pour Barthélemy-le-Long, par une apoplexie, si Salvator ne fût pas arrivé à temps pour le saigner, et, la saignée faite, pour l'envoyer à l'hôpital Cochin.

Il en était sorti, comme nous l'avons dit, depuis huit jours, et ayant rencontré Croc-en-Jambe et La Gibelotte au milieu de leur discussion d'intérêt, il leur avait donné le conseil de prendre Salvator pour arbitre, et les avait invités à déjeuner avec lui à la *Coquille d'Or*.

A l'entrée de Barthélemy-le-Long, un de ses deux convives était déjà hors de combat. C'était Croc-en-Jambe.

Restait La Gibelotte.

Barthélemy-le-Long fit mettre trois couverts, étendit la main sur Croc-en-Jambe, qui ronflait comme un basson, et prononça solennellement ces paroles bien connues :

— Honneur au courage malheureux !

Après quoi les huîtres étant ouvertes, on se mit à table, au milieu des mille observations de mademoiselle Fifine, qui ne trouvait rien de bon.

— Oh! comme vous êtes difficile, ma belle enfant, dit La Gibelotte.

— Tenez, ne m'en parlez pas, dit Barthélemy-le-Long en appuyant le plat de sa main derrière sa tête et en serrant les dents ; c'est parce que c'est avec moi ; un chat lui semblerait meilleur à la barrière avec son cabotin, son pitre, son paillasse de Fafiou, qu'un faisan truffé avec moi, au *Rocher de Cancale* ou *Aux Frères Provençaux.*

— Allons bon ! dit mademoiselle Fifine

avec sa voix traînante, encore une nouvelle visée ; il y a plus de huit jours que je n'ai seulement passé sur le boulevart du Temple.

— C'est vrai, pas depuis que je suis sorti de l'hôpital ; mais avant, on m'a dit que tu y allais tous les jours, et que la baraque du sieur Copernic n'avait pas de spectatrice plus assidue que toi.

— C'est bien possible, dit mademoiselle Fifine avec cet air insoucieux qui faisait damner Jean Taureau.

— Oh ! si je croyais cela, dit celui-ci, en

tordant sa fourchette de fer entre ses mains comme il eût fait d'un cure-dent.

Puis se tournant du côté de La Gibelotte :

— Ce qui m'écœure, vois-tu, c'est qu'elle s'amourache toujours de créatures qui ne sont pas des hommes, de blancs becs, que je mangerais sur le pouce, si je n'avais pas honte de m'attaquer à de pareils marmouzets, à des gens à qui je n'ose pas toucher, parce qu'en les touchant je les casserais. Parole d'honneur, La Gibelotte, je voudrais que vous le vissiez, ce Fafiou, et vous diriez comme moi : ça qu'est-ce que ça, ça n'est pas un homme.

— Dame, il y a des goûts de toutes sortes, dit mademoiselle Fifine de sa voix traînante.

— Alors, tu avoues donc que tu l'aimes, s'écria Jean Taureau.

— Je ne dis pas que je l'aime, je dis qu'il y a des goûts de toutes sortes.

Jean Taureau poussa un espèce de rugissement, et brisant son verre contre les dalles du cabaret :

— Qu'est-ce que c'est que ces verres-là, garçon, dit-il, crois-tu que Jean Taureau a l'habitude de boire dans des dés à coudre ? Apporte-moi une choppe.

Le garçon était habitué aux manières de Jean Taureau, qui était une pratique ; il déposa sur la table l'objet demandé, qui pouvait contenir une demi-bouteille, et se mit à ramasser les fragments du verre brisé.

Jean Taureau emplit son nouveau verre bord à bord et le vida d'un seul coup.

— Bon ! dit Fifine, ça commence bien, je connais cela, dans vingt minutes on sera obligé de vous rapporter à la maison ivre-mort, vous en avez pour dix ou douze heures à dormir ; moi, pendant ce temps-là, j'irai faire un tour au boulevart du Temple.

— Est-elle sans cœur ? demanda Barthélemy-le-Long à La Gibelotte avec une voix pleine de larmes. C'est qu'elle le ferait comme elle le dit, au moins.

— Pourquoi donc pas ? répondit mademoiselle Fifine.

— Si vous aviez une femme pareille, père La Gibelotte, dit Barthélemy-le-Long, soyez franc, qu'en diriez-vous ?

— Moi, dit La Gibelotte, je la prendrais

par les pattes de derrière, et v'lan ! je lui donnerais le coup du lapin.

— Oui, c'est le chat ! murmura mademoiselle Fifine, je vous conseillerais de venir vous y frotter, à vous et à lui.

— Garçon, du vin ! dit Jean Taureau.

Au moment où ces premiers symptômes d'irritation commençaient à se manifester à la *Coquille d'Or* entre Barthélemy-le-Long et mademoiselle Fifine, un grand garçon maigre, effilé, osseux, au cou long comme celui d'une guitare, aux joues blêmes comme de la pâte de guimauve, au nez retroussé comme un cor de chasse,

aux yeux bêtes et ternes et à fleur de tête
comme des yeux de veau, à la chevelure
couleur de moutarde, au masque bouffon,
enfin, qui attirait le rire de tous les pas-
sans, malgré l'imperturbable gravité du personnage qui en était l'objet, débouchait sur
la place des Halles, par cette grande artère
chargée de l'alimenter, et qu'on appelle la
rue Saint-Denis.

Ce qui contribuait encore à rendre cette
figure plus grotesque, c'est le chapeau
étrange qui lui servait de cadre, en même
temps qu'il projetait son ombre sur elle.

Ce chapeau était un de ces tricornes que
la génération qui a suivi la nôtre n'a plus

vu qu'en souvenir, ou par tradition, sur la tête de Jeannot.

Aussi, quand le nouvel acteur que nous poussons sur notre scène s'aventura au milieu de la population gouailleuse de la Halle, ce fut, pendant tout le temps qu'il mit à franchir la distance qui le séparait de la *Coquille d'Or*, un éclat de rire immense qui parcourut à l'instant même tout le marché, comme eût fait la commotion de l'étincelle électrique.

Mais lui, comme un croquemort qui ne se croit pas obligé d'être triste parce que les autres le sont, lui ne se croyait pas obligé d'être gai parce que les autres l'étaient; il passa donc, lui, le dernier tricorne, au milieu de cette rangée de rieurs, avec le flegme d'un homme civilisé qui passe au milieu d'une tribu sauvage, et il arriva à son but en une douzaine d'enjambées.

Ce but, c'était incontestablement Salvator, car, arrivé à la porte de la *Coquille d'Or*, il s'arrêta en face du crochet qui représentait le commissionnaire absent, et avec un geste du plus haut comique, découvrant sa tête d'une main, tandis que de l'autre il prenait à poignée ses cheveux jaunes:

— Là, justement, dit-il, il n'y est pas.

Il monta sur une borne et regarda autour de lui, — pas de Salvator.

Il s'informa aux groupes qui l'entouraient, et qui, en le voyant monter sur une borne, s'étaient immédiatement formés en cercle comme s'ils eussent espéré assister à une parade ; nul des spectateurs ne put précisément lui dire où était celui qu'il cherchait.

Alors il eut une idée, c'est que Salvator était peut-être au cabaret de la *Coquille d'Or*.

— Tiens, que je suis bête, dit-il tout haut.

Et, descendant de sa borne, piédestal admirablement adapté à la statue qu'elle avait porté un instant, il s'avança vers le cabaret de la *Coquille d'Or*.

A l'ombre qu'il projeta en passant devant la fenêtre, Barthélemy-le-Long se retourna vivement comme si un scorpion l'eût piqué, en s'écriant :

— Oh ! mais je me trompe pas.

Et ses yeux à l'instant même se reportèrent de la fenêtre à la porte de la rue à laquelle ils semblèrent rivés, tandis qu'il murmurait tout bas : « Mais qu'il vienne !

mais qu'il vienne donc ! je ne vais pas le chercher, mais s'il vient !... »

En ce moment, le personnage que nous venons de suivre dans sa course, qui avait éveillé une si grande hilarité dans la Halle, et qui paraissait exciter une si violente colère chez Barthélemy-le-Long, parut dans l'encadrement de la porte, et comme s'il eût eu la faculté de la tortue, tout en laissant son corps dans le cabaret même, il allongea sa tête dans la salle du fond, cherchant de ses yeux hébétés un homme que nous savons être Salvator, tandis que Jean Taureau, croyant qu'il cherchait une femme, et que cette femme était mademoiselle Fifine, s'écria d'une voix terrible, et en devenant pâle comme un mort :

— Monsieur Fafiou !

Puis se retournant vers sa compagne :

— Ah! c'est donc parce que vous lui aviez donné rendez-vous ici que vous avez consenti à sortir avec moi, mademoiselle Fifine.

— Tiens, peut-être, répondit mademoiselle Fifine de sa voix traînante.

Jean Taureau ne poussa qu'un cri, ne fit qu'un bond, en une seconde il fut sur le malheureux Fafiou, qu'il prit au collet, et qu'il secoua absolument comme au mois de mai un écolier secoue un jeune hêtre pour en faire tomber les hannetons. Quant à Fafiou, il n'avait pas eu le temps de se reconnaître, et se trouvait aux mains de son terrible ennemi avant même de se douter du danger qu'il courait.

Le danger était grand ; aussi poussa-t-il des cris lamentables.

— Monsieur Barthélemy ! monsieur Barthélemy ! disait le malhereux Fafiou d'une voix étranglée, je vous jure que je ne venais pas pour elle ; je vous jure que je ne avais point qu'elle fût ici.

— Et pour qui donc venais-tu, misérable ?

— Mais vous ne me laissez pas le temps de vous le dire.

— Pour qui venais-tu ?

— Pour M. Salvator.

— Ce n'est pas vrai.

— Ah ! vous m'étranglez. A la garde !

— Pour qui venais-tu ?

— Pour M. Salvator. Au secours

— Je te demande pour qui tu venais.

— Il venait pour moi, dit, derrière le malheureux Fafiou, une voix grave et douce, quoiqu'en même temps pleine de fermeté. Lâchez donc cet homme, Jean-Taureau.

— Bien vrai, demanda Jean Taureau, bien vrai, monsieur Salvator ?

— Vous savez bien que je ne mens jamais. Lâchez cet homme, je vous dis.

— Ma foi, il était temps que vous arrivassiez, monsieur Salvator, dit Barthélemy-le-Long en lâchant sa victime et en respirant avec le bruit que fait, en accomplissant le même acte, l'animal dont il avait emprunté le nom. M. Fafiou allait perdre le goût du pain, et M. Galilée Copernic, beau-frère de M. Zozo du Nord, aurait été obligé ce soir de jouer sa parade sans paillasse.

Et, tournant dédaigneusement le dos à celui qu'il regardait comme son rival préféré dans le cœur de mademoiselle Fifine, il laissa M. Fafiou sortir tranquillement du cabaret à la suite de Salvator.

II

Où il est traité de Fafiou et de maître Copernic, et où l'auteur établit les relations qui existaient entre eux.

Salvator revint prendre sa place habituelle contre la muraille, Fafiou le suivait, élargissant sa cravate pour donner de l'air à son gosier.

— Ah! monsieur Salvator, lui dit-il, je

vous dois une belle chandelle, c'est la seconde fois que vous me sauvez la vie, parole d'honneur. Aussi, si je puis vous rendre un service à mon tour, je ne me lasse pas de vous le dire, disposez absolument de moi.

— Peut-être vais-je te prendre au mot, Fafiou, dit Salvator.

— Oh! en vérité du bon Dieu, vous ferez dans ce cas un homme heureux. Là, c'est moi, Fafiou, qui vous le dis !

— Je t'attendais, Fafiou.

— Vraiment?

— Et désespérant presque de te voir, j'allais t'écrire.

— Çà, monsieur Salvator, c'est vrai que je suis en retard, mais dame, j'ai trouvé Musette seule ; et quand je trouve Musette seule, dame, je m'en donne à lui dire que je l'aime.

— Mais tu aimes donc toutes les femmes, libertin ?

— Oh! non, monsieur Salvator, je n'aime que Musette, aussi vrai que je m'appelle Fafiou.

— Et mademoiselle Fifine?

— Je ne l'aime pas, elle, c'est elle qui m'aime, c'est elle qui court après moi; mais moi, quand je la vois d'un côté, je me sauve de l'autre.

— Je te conseille d'en faire autant quand tu verras Jean Taureau, car je ne serai pas toujours là, à point nommé, pour te tirer de ses mains.

— En voilà un brutal! Mais je lui pardonne, quand on est jaloux!

— Ah! tu es jaloux aussi?

Comme le tigre de la reine Tamatave.

— Alors c'est Musette que tu aimes ?

— A en mourir de consomption. Voyez l'état où je suis, c'est l'amour qui mange toute ma graisse, parole d'honneur.

— Si tu es si amoureux de Musette, pourquoi ne l'épouses-tu pas ?

— Sa mère s'y refuse.

— Alors, il faut en prendre bravement son parti, mon garçon, et y renoncer.

— Pas du tout ! Y renoncer, ah ! bien oui. J'ai de la patience, j'attendrai.

— Qu'attendras-tu ?

— J'attendrai qu'elle soit mangée, ça ne peut pas lui manquer un jour ou l'autre.

Salvator sourit imperceptiblement de la féroce résignation avec laquelle Fafiou attendait le trépas de sa belle-mère, pour épouser la bien-aimée de son cœur.

Que les lecteurs ombrageux ne prennent cependant pas sur ce programme une trop mauvaise opinion de Fafiou. C'était un bon et brave garçon, que ce malheux paillasse, lequel faisait partie de la troupe ordinaire des comédiens de M. Galilée Copernic.

Engagé pour la modique somme de quinze francs par mois, qu'on lui payait un mois sur quatre, il jouait l'emploi des pitres, des Jeannots, des Gilles, des Jocrisses, tous les rôles de queues-rouges, enfin, qui convenaient si bien à sa physionomie.

Mais là ne se bornait pas son emploi; il était en même temps barbier, perruquier, coiffeur de toute la troupe, qui se composait en tout de huit personnes, y compris le directeur, M. Galilée Copernic, qui jouait les Cassandre; mademoiselle Musette, qui jouait les Isabelle, et lui Fafiou, qui jouait les Paillasses et les Gilles en rivalité avec le beau Léandre.

Ce qui était un véritable martyre pour

lui, puisque, démesurément amoureux de Musette (Isabelle), il entendait sans cesse sa maîtresse dire des tendresses aux autres et des injures à lui.

Il est vrai que, lorsque les deux jeunes gens étaient seuls, ils se rattrappaient. C'était alors Fafiou qui avait toutes les tendresses, et le beau Léandre qui recevait de loin toutes les rebuffades que Fafiou avait reçues de près.

Et il avait grand besoin de cet amour, qui faisait à la fois sa joie et son tourment, le pauvre Fafiou. Il était seul au monde, ne connaissant ni père ni mère, ni oncle ni tante, ni frère de lait ni père nourricier, toute famille, directe ou indirecte, lui avait manqué depuis sa première jeunesse. Le père Galilée Copernic, passant un jour près de la montagne Sainte-Geneviève, l'avait trouvé faisant des culbutes dans la rue, et il l'avait ramassé, se promettant de cultiver ces dispositions naturelles.

Il l'avait emmené avec lui, lui avait, pour l'allécher, donné un souper dont l'enfant, dans ses rêves de gastronomie, n'avait jamais eu l'idée. En voyant ce tableau enchanteur de sa vie future, Fafiou s'était fait une idée peut-être un peu exagérée de la vie de saltimbanque, et s'était laisser rompre les vertèbres et désarticuler les os de façon à pouvoir faire la carpe, le crapaud, le lézard, enfin tous les exercices gymnastiques des clowns.

On avait donc d'abord fait des tours de force sur les différentes places de Paris; puis, Paris brûlé, on avait passé à la province, de la province à l'étranger. L'on avait visité les premières capitales de l'Europe en arrachant les dents aux militaires de passage; on avait avalé des sabres, on avait ingurgité des couleuvres et mangé des étoupes enflammées; mais l'appétit vient en mangeant, même en mangeant des étoupes. On songea donc, au lieu de courir le monde, à revenir à Paris, à y monter un théâtre, et, vers 1824 ou 25, on avait obtenu de la police la permission d'élever des tréteaux sur le boulevart du Temple.

Depuis cette époque on jouait des parades pendant toute l'année, parades faites pour la plupart du temps avec des bribes du théâtre Italien ou du théâtre de la Foire. Seulement, il se faisait à ces représentations grotesques deux interruptions annuelles. On jouait pendant le Carême des Mystères pour les dévots, et, pendant les vacances, des féeries pour les enfants.

Mais nous ne parlons que de ce qui se passait à l'avant-scène, c'est-à-dire de ce qu'en termes de banque, haute ou petite, on appelle les bagatelles de la porte; en effet, la pièce jouée gratuitement en plein air sur les tréteaux n'était qu'un prétexte pour attirer le public dans l'intérieur; et, en effet, il y eût eu mauvaise grâce au public que l'on divertissait gratuitement de ne pas reconnaître cette attention en refusant de voir les merveilles que le père Galilée Copernic réservait à ses spectateurs. Et, nous osons le dire, nous qui, à cette époque, y avons assisté plus d'une fois, c'était un spectacle qui valait bien les deux sous que l'on payait en sortant.

L'intérieur de cette baraque était un vrai monde en raccourci: géants et nains, albinos et femmes à la barbe, esquimaux et bayadères, anthropophages et invalides à têtes de bois, singes et chauves-souris, ânes et chevaux, boas constrictors et veaux marins, éléphants sans trompe et dromadaires sans bosses, orangs-outangs et sirènes, la carapace d'une tortue gigantesque, le squelette d'un mandarin chinois, l'épée avec laquelle Fernand Cortez avait conquis le Pérou, la lunette avec laquelle Christophe Colomb avait découvert l'Amérique, un bouton de la fameuse culotte du roi Dagobert, la tabatière du grand Frédéric, la canne de M. de Voltaire, enfin un crapaud fossile vivant, trouvé dans les couches antédiluviennes de Montmartre par le célèbre Cuvier.

En un mot, c'était un abrégé de tous les

règnes de la nature et de toutes les merveilles du monde.

Il eût fallu un grand mois à une Commission de savants pour faire le catalogue des mille bibelots dont l'intérieur de la baraque du père Galilée Copernic était émaillé du haut en bas.

Aussi la reine Tamatave, qui montrait dans une baraque à côté le tigre du Bengale et le lion de Numidie, n'avait-elle point, malgré sa couronne de papier doré et sa ceinture de coquillages, repoussé les avances du père Galilée Copernic quand celui-ci lui avait offert d'engager dans sa troupe mademoiselle Musette, héritière présomptive d'une des Iles sous le vent.

Mademoiselle Musette, moyennant la somme de trente francs par mois, avait donc été cédée par sa mère au père Galilée Copernic pour jouer les Isabelle dans la parade, et représenter à l'intérieur la chaste Suzanne entre les deux vieillards.

M. Flageolet, pour donner une plus grande valeur à l'engagement, avait signé immédiatement au-dessous de la reine Tamatave en prenant dans l'acte le modeste titre de tuteur.

Avec les huit comédiens, lui compris,

qui composaient sa troupe, maître Galilée Copernic arrivait à montrer au public cent ou cent cinquante personnages vivants, les uns après les autres ; des aveugles qui y voyaient depuis dix minutes ; des muets à qui l'on venait de rendre miraculeusement la parole ; des sourds qu'on avait opérés et qui entendaient maintenant comme tout le monde ; un sergent de la garde impériale que l'on voyait gelé au milieu d'un immense glaçon, et qui avait été rapporté de la retraite de Russie par son propre frère ; un homme chauve, du crâne duquel, grâce à une pommade composée par le maître de l'établissement, on voyait à l'œil nu sourdre des cheveux rouges ; un marin traversé à jour d'un boulet à la bataille de Trafalgar, et qu'on devait se hâter de visiter, les médecins ne lui donnant plus que trois ans deux mois et huit jours à vivre ; un naufragé de la Méduse miraculeusement sauvé par un requin, pour lequel il sollicitait du gouvernement une pension alimentaire. Enfin tout, hommes célèbres, femmes célèbres, enfants célèbres, chiens célèbres, chevaux célèbres, ânes célèbres, tout, on trouvait tout dans soixante pieds carrés, et au milieu de ces célébrités, maître Galilée Copernic, joueur de gobelets, diseur de bonne aventure, danseur de corde, arracheur de dents, bateleur, jongleur, même comédien, présidant à tout, montrant lui-même aux spectateurs les merveilles de son établissement, tour à tour, selon les visites qu'il recevait : gentilshommes, soldats, manouvriers, capitaines, petits maîtres et mendiants. Habile à tous les métiers, ayant visité tous les pays, connaissant toutes les sciences, parlant toutes les langues, baragouinant tous les idiômes, pris tour à tour par les artisans, les magistrats, les hommes d'épée, les hommes d'église, les hommes de lettres et les hommes des champs, pour un confrère ; par les Allemands, les Anglais, les Italiens, les Espagnols, les Russes et les Turcs, pour un de leurs compatriotes, le père Galilée Copernic n'était point la célébrité la moins curieuse au milieu de toutes ces célébrités.

C'était, pour nous résumer, un impudent, un insouciant, un aventureux, un fantasque bohémien, dans lequel mille aptitudes diverses étaient unies, qui, bien dirigées, eussent fait de lui un homme de génie, et qui, laissées à elles-mêmes, vagabondes et capricieuses, n'étaient parvenues à faire qu'un empirique et un saltimbanque.

Fafiou, on le comprend bien, dut profiter des leçons de cet illustre maître, seulement moins heureusement doué que lui, il arriva à une limite d'art, d'intelligence, d'éducation, qu'il ne put jamais franchir.

Copernic s'était longtemps entêté à son éducation, mais il avait fini par renoncer à faire de lui, sinon son second, du moins son suppléant; seulement comme il n'était pas homme à nourrir un sujet quelconque sans l'utiliser, il avait songé à mettre à profit sa niaiserie, sa naïveté, et mieux encore que tout cela, sa tête bête, et il en avait fait un jocrisse, un pierrot, un paillasse, un pitre, une queue-rouge, une sorte de Debureau parlant, enfin, et des plus accomplis.

Plusieurs artistes venaient des quartiers les plus éloignés : de la barrière du Trône, du faubourg du Temple, de l'Odéon, pour l'entendre improviser ses bêtises qui passaient par douzaines dans les oreilles des spectateurs, comme les jours de réjouissances publiques, partent dans les jambes ces pétards par paquets.

Quand Copernic et Fafiou, Cassandre et Gille, étaient en scène, c'était un feu roulant de calembourgs, de balourdises, de coqs-à-l'âne, de jeux de mots, de pointes, de questions grotesques, de réponses absurdes, en un mot, de ces lazzis qu'en termes de coulisse on appelle balançoires, à faire mourir de rire un Anglais attaqué du spleen : aussi voyait-on se tordre, dans les convulsions les plus désordonnées, les spectateurs de ces parades, où les deux comédiens, le maître et l'élève, déployaient, comme en rivalité l'un de l'autre un talent merveilleux.

Et ce qu'il y a de plus curieux, c'est que notre pitre n'avait pas le moins du monde la conscience de son mérite. Non, Fafiou ignorait Fafiou. Il avait du talent, comme les gens spirituels ont de l'esprit, sans le savoir. Une fois sur les planches, il n'était plus Fafiou, il était Gille, il parlait à Cassandre comme un véritable valet eût parlé à son maître, sans chercher ses intonations, sans changer sa façon de s'exprimer humblement, naturellement, insolemment, timidement, selon la situation, en un mot, et voilà pourquoi c'était un grand comédien.

Disons maintenant comment Fafiou avait connu Salvator, et était devenu son obligé.

III

Quel genre de service Salvator avait rendu à Fafiou, et quel genre de service Salvator prie Fafiou de lui rendre.

Si l'esprit de Fafiou était naïf, si naïf qu'il arrivait parfois jusqu'aux dernières limites de la bêtise, son cœur était excellent, et il était aimé sincèrement de tous ses camarades, quoiqu'il leur servît de plastron, et souvent même de souffre douleur.

Il était surtout capable d'amour, comme on l'a vu, et de reconnaissance, comme on va le voir.

Pendant le rigoureux hiver que l'on venait de traverser, les malheureux comédiens, ensevelis près d'un mois, comme les Lapons, sous la neige, n'avaient pas fait, pendant tout ce mois, dix sous de recette par jour. Alors Salvator, par des moyens inconnus de ceux-là même qu'il secourait, était venu à leur aide; et depuis ce temps, le plus reconnaissant de tous, le meilleur, le plus naïf de la troupe, notre pitre Fafiou venait tous les jours, après sa visite à Musette, qui demeurait au coin de la place Saint-André-des-Arts, présenter ses hommages à Salvator, et lui demander quel service il pouvait lui rendre dans sa petite spécialité.

Depuis trois mois la chose durait ainsi : tous les matins, de midi à une heure, Salvator, s'il était à sa place accoutumée, recevait la visite de Fafiou, ce qui explique comment la présence de Fafiou à la Halle produisit l'effet que nous avons dit, et comment Fafiou, habitué à l'effet produit, n'y attachait plus aucune attention ; et tous les jours Fafiou renouvelait à son bienfaiteur des offres de service que celui à qui elles étaient faites avait constamment refusé d'accepter.

Fafiou n'en persistait pas moins à faire régulièrement sa visite et ses offres de service à Salvator; cet acte de dévoûment quotidien était devenu une habitude chez lui. La rue aux Fers était sur son chemin, dira-t-on, ou à peu près, pour aller de la place Saint-André-des-Arts au boulevart du Temple, mais nous qui connaissons Fafiou, nous répondrons qu'il ne tenait qu'à Salvator de transporter son domicile à la barrière du Trône, et qu'alors, l'honnête et reconnaissant Fafiou eût passé par la barrière du Trône pour revenir de la rue Saint-André-des-Arts au boulevart du Temple.

Mais alors, comment ce cœur honnête et droit avait-il pu nourrir cette espérance, de voir dévorer la reine Tamatave par le tigre du Bengale ou le lion de Numidie, et cela, à cette seule fin d'épouser mademoiselle Musette ?

Nous ne répondrons qu'une chose, c'est que l'amour est une passion qui rend fou, aveugle et féroce, et que Fafiou, étant passionnément amoureux, était devenu fou, aveugle et féroce vis-à-vis de la femme qui, tenant sa destinée dans sa main, lui fermait, de cette main impitoyable, la porte du bonheur, en mettant pour condition à ce bonheur que Fafiou n'épouserait Musette que lorsqu'il gagnerait, et d'une façon bien assurée, la somme de trente francs par mois.

Or, Fafiou, qui depuis cinq ans ne gagnait que quinze francs par mois, lesquels encore lui étaient payés avec une irrégularité si régulière, que la moyenne de ses appointements n'était pas de cinq francs par mois, Fafiou, même à l'horizon le plus lointain, ne voyait pas naître la possibilité d'une pareille augmentation d'appointements.

Le mariage de Fafiou était donc remis, comme le disait scientifiquement M. Galilée Copernic, aux calendes grecques, ce qui rendait Fafiou fou, aveugle et féroce, et ce qui, dans ses heures de folie, d'aveuglement et de férocité, lui faisait désirer la mort de la reine Tamatave.

Nos lecteurs comprennent donc, maintenant que nous avons expliqué les rapports qui existaient de Fafiou à Salvator, cette phrase que le pitre, au commencement du chapitre précédent, avait dite au commissionnaire :

— Monsieur Salvator, si je puis vous rendre un service à mon tour, je ne me lasse pas de vous le dire, vous pouvez absolument disposer de moi.

Aussi Fafiou, qui avait constamment vu

ses offres repoussées, fut-il dans la joie de son âme lorsque, pour la première fois depuis trois mois, il entendit Salvator lui répondre :

— Peut-être vais-je te prendre au mot, Fafiou.

A laquelle réponse Fafiou s'écria :

— Ah ! en vérité du bon Dieu, vous ferez dans ce cas un homme heureux ; là, c'est moi qui vous le dis.

— J'y comptais bien, Fafiou, répondit Salvator en souriant imperceptiblement ;

aussi, j'ai disposé de toi sans te consulter.

— Ah! parlez, monsieur Salvator, parlez, s'écria de nouveau Fafiou profondément attendri de la marque de confiance que lui donnait Salvator; quant à ça, vous savez que je vous suis dévoué corps et âme.

— Je le sais, Fafiou; écoute-moi donc.

Une des facultés de Fafiou était de remuer son nez de quarante-deux manières et les oreilles de vingt-trois.

Il ouvrit donc ses oreilles outre mesure en disant:

— J'écoute, monsieur Salvator.

— A quelle heure a lieu ta parade, Fafiou ?

— Il y en a deux, monsieur Salvator.

— Alors, à quelle heure ont lieu tes parades ?

— La première a lieu à quatre heures et la seconde à huit heures du soir.

— Quatre heures est trop tôt, huit heures est trop tard.

— Ah! diable! on ne peut pourtant pas les changer; c'est l'heure.

— Fafiou, il faut que la première parade ne commence ce soir qu'à six heures; plusieurs de mes amis, qui désirent assister à ton triomphe et qui ne sont libres que de cinq à sept, m'ont chargé de te présenter cette demande.

— Diable! monsieur Salvator, diable!...

— Vas-tu me dire que c'est impossible, Fafiou?

— Je ne vous dirai jamais ça, monsieur Salvator, vous le savez bien.

— Alors?

— Alors, monsieur Salvator, que vous dirai-je? puisque vous désirez que la parade n'ait lieu qu'à six heures, il faudra bien que la parade ait lieu à six heures.

— Tu as tes moyens?

— Non, je les trouverai.

— Je puis donc être tranquille.

— Vous pouvez être tranquille. Quand on me couperait en morceaux, monsieur

Salvator, on ne me ferait pas paraître avant six heures.

— Bien, Fafiou ; mais ce n'est là que la moitié du service que j'ai à te demander.

— Tant mieux, car alors ça ne serait pas la peine.

— Tu es donc disposé à tout faire pour moi ?

— Tout, monsieur Salvator... Tenez, quand il me faudrait pour vous... avaler ma belle-mère comme j'ai avalé des étoupes enflammées, je l'avalerais.

— Non, cela te ferait une trop mauvaise affaire avec le tigre du Bengale et le lion de Numidie auxquels tu l'as vouée ; une parole est sacrée, à plus forte raison un vœu.

— Eh bien ! voyons, de quoi s'agit-il, monsieur Salvator ?

— Voilà. Il s'agit tout simplement de rendre à ton patron ce soir ce qu'il te donne tous les jours.

— A monsieur Copernic ?

— Oui

— Ce qu'il me donne tous les jours ?

— Oui.

— Il ne me donne jamais rien, monsieur Salvator.

— Je te demande pardon, il te donne, à la fin de la parade, le même coup de pied au même endroit, si je ne m'abuse.

— Au derrière. Oui, c'est vrai cela, monsieur Salvator.

— Eh bien ! quand il te donnera ce soir le coup de pied quotidien, il s'agit d'attendre sournoisement qu'il se retourne, et alors de le lui rendre.

— Hein ! cria Fafiou, qui crut avoir mal compris.

— De le lui rendre, répéta Salvator.

— Le coup de pied au...

— Oui.

— A monsieur Copernic ?

— A lui-même.

— Oh! quant à cela, c'est impossible, monsieur Salvator, répondit le malheureux Fafiou en pâlissant.

— Et pourquoi, impossible?

— Mais, monsieur, parce qu'à la ville il est mon directeur, et que sur la scène il est mon maître, puisqu'il joue toujours les rôles de Cassandre et moi ceux de Gille ; d'ailleurs, le cas est prévu.

— Comment, demanda Salvator tout étonné, le cas est prévu.

— Oui. Il y a dans mes engagements que je m'engage pour être le barbierperruquier-coiffeur de la troupe, pour jouer les Gilles, les Jeannots, les paillasses, les niais, les queues-rouges, pour recevoir les coups de pied au derrière, *sans jamais les rendre.*

— Sans jamais les rendre, dit Salvator.

— Sans jamais les rendre. Je vais vous le montrer, d'ailleurs, j'ai mon engagement sur moi.

Et Fafiou tira de sa poche un engagement crasseux qu'il présenta à Salvator, et que celui-ci prit et ouvrit du bout des doigts.

— C'est vrai, dit Salvator ; il y a : *Sans jamais les rendre.*

— *Sans jamais les rendre.* Oh! cela y est. Ainsi, monsieur Salvator, demandez-moi ma vie, si vous voulez ; mais ne me demandez pas de manquer à mon engagement.

— Mais, dit Salvator, je vois aussi, sur ton engagement, que tu es tenu à faire toutes ces choses moyennant quinze francs par mois que te paiera Galilée Copernic.

— Que me paiera M. Galilée Copernic, oui, monsieur Salvator.

— Eh bien ! je croyais que tu m'avai dit qu'il ne te les payait pas.

— Ça, c'est vrai, malheureusement vrai. Je ne touche pas un mois sur quatre.

— Tandis que tous les soirs, régulièrement, tu reçois un coup de pied.

— Deux, monsieur : un à la parade de quatre heures, un à la parade de huit.

— Eh bien ! mais il me semble, mon cher Fafiou, que du moment où M. Galilée Copernic manque à ses engagements, tu peux bien manquer aux tiens.

Fafiou ouvrit de grands yeux.

— Je n'avais jamais pensé à cela, dit-il.

Puis, secouant la tête :

— N'importe, ajouta-t-il ; demandez-moi ma vie ; mais ne me demandez pas de rendre un coup de pied au... non, c'est impossible.

— Et pourquoi cela, puisqu'il ne te paie pas pour le recevoir ?

— Croyez-vous que cela me donne le droit de...

— Je le crois.

— Mais non, mais non ! Il manque à ses engagements en moins, moi je manquerais aux miens en plus. Impossible, monsieur Salvator, impossible ; demandez-moi ma vie.

— Voyons, raisonnons, Fafiou.

— Je ne demande pas mieux, monsieur Salvator.

— Vous improvisez, ou à peu près, toutes ces parades, dans lesquelles tu déploies, à mon avis, un talent miraculeux.

Les joues du paillasse se couvrirent des roses de la modestie.

— Vous êtes bien bon, monsieur Salvator; comme vous dites, nous les improvisons, ou à peu près.

— Eh bien! qui t'empêche d'improviser un coup de pied comme tu improvises un coq-à-l'âne; tu verras quel succès aura ton coup de pied.

— Mais, monsieur Salvator, ça ne se sera jamais vu que Gille rende un coup de pied à Cassandre.

— Cela n'en sera que plus inattendu et,

par conséquent, n'en aura que plus de succès.

— Oh! parbleu, dit Fafiou, qui entendait déjà éclater les rires et les applaudissements, et qui se laissait prendre par le côté artiste; pardieu! je n'en doute pas.

— Eh bien! alors. Comment, Fafiou, un grand succès t'attend, et tu hésites!

— Mais si le père Copernic se fâche?

— Ne t'inquiète pas de cela.

— S'il me met à la porte pour avoir

manqué à une des clauses fondamentales de mon engagement?

— Je t'engage, moi.

— Vous?

— Oui, moi.

— Vous allez donc être directeur de spectacle?

— Peut-être.

— Vous m'engagez?

— Oui. Et je te garantis trente francs par mois, et, s'il le faut, je dépose une année de tes appointements d'avance.

— Mais alors, si j'ai trente francs par mois, s'écria Fafiou dans le vertige du bonheur ; mais...

— Quoi ?

— Ah ! mon Dieu !

— Eh bien ?

— Mais je pourrai donc... mais je pourrai donc épouser Musette ?

— Sans doute. Mais sois tranquille ; il ne te renverra pas, car c'est toi, mon garçon, qui es le meilleur comédien de sa troupe ; et non-seulement il ne te renverra pas, mais demande-lui le lendemain de doubler tes appointements, et il te les doublera.

— S'il ne les double pas ?

— Je serai là, moi, avec mes trente francs par mois, mes trois cent soixante-cinq francs par an.

— Mais c'est une fortune que vous m'offrez là, monsieur ! C'est plus qu'une fortune, c'est le bonheur.

— Refuses-tu ton bonheur, Fafiou ?

— Non, ma foi ! monsieur ; c'est convenu, dit joyeusement le pitre ; et s'il faut vous dire toute la vérité, tenez, je ne suis pas fâché de trouver une occasion de lui rendre la monnaie de ses pièces au père Copernic. Aussi, ce soir, je vous en réponds, il recevra les deux plus jolis coups de pied au...

— Non pas deux, interrompit vivement Salvator, ne te laisse pas emporter par la situation, Fafiou ; un seul.

— Eh bien, un seul, mais qui en vaudra deux, je vous en réponds.

Et Fafiou fit le geste d'un homme qui allonge un coup de pied terrible.

— Cela te regarde, répondit Salvator, mais un seul.

— Oui, un seul, c'est dit, vous n'en avez besoin que d'un seul ?

— Je n'en ai besoin que d'un seul.

— Que diable voulez-vous en faire ?

— C'est mon secret, Fafiou.

— Eh bien, donc, il n'en recevra qu'un

seul, v'lan !... Et il renouvela son geste agressif.

— C'est cela.

— Oh ! je vois d'ici la figure du patron. Dites donc, je puis sauter immédiatement au bas des tréteaux.

— Je n'y vois pas d'inconvénient.

— C'est que je connais le père Copernic, le premier moment sera terrible.

— Oui, mais trente francs par mois et la main de Musette.

— Cela vaut bien qu'on risque quelque chose.

— Eh bien, va repasser ton rôle, mon garçon, et fais en sorte que ton coup de pied final arrive de six heures et demie à sept heures moins un quart.

— Monsieur Salvator, à six heures trente-cinq minutes, je serai à la riposte.

— Bien, Fafiou, et merci.

— Adieu, monsieur Salvator.

— Adieu, Fafiou.

Et le pitre, après avoir fait un respectueux salut à Salvator, s'éloigna du mystérieux commissionnaire en chantant un vieux refrain du théâtre de la Foire, l'esprit gai et le cœur joyeux, comme s'il venait d'apprendre que la reine Tamatave était définitivement mangée par le tigre royal du Bengale ou le grand lion de Numidie.

Salvator, de son côté, le regarda s'éloigner avec un regard bien différent de celui qu'il avait jeté, deux heures auparavant, sur La Gibelotte et son flegmatique débiteur.

Mais abandonnons Salvator pour suivre

Fafiou, et allons, si vous le voulez, chers lecteurs, assister sur le boulevart du Temple à la parade que la foule enthousiaste attend impatiemment, à cent lieues cependant qu'elle est de prévoir, nous le croyons du moins, le dénoûment inaccoutumé dont Salvator est l'auteur.

IV

Profil de Galilée Copernic.

Les tréteaux du sieur Galilée Copernic étaient situés, comme nous l'avons dit, sur l'emplacement qui s'étendait alors, et s'étend encore aujourd'hui, du théâtre de madame Saqui, aujourd'hui le théâtre des

Funambules, au théâtre du Cirque Impérial, appelé autrefois Cirque Olympique, ou plus populairement Cirque Franconi.

Ces tréteaux, élevés à une hauteur de cinq ou six pieds, avaient pour horizon une immense toile peinte, divisée en plusieurs compartiments, représentant des femmes colosses, des nègres blancs, des géants, des nains, des phoques, des sirènes, des combats de coqs, des scorpions avalant des buffles, un squelette jouant du théorbe, Latude s'évadant de la Bastille, Ravaillac assassinant Henri IV rue de la Ferronnerie, enfin, le maréchal de Saxe remportant la victoire de Fontenoy.

Les batailles du temps de la République,

de l'Empire étaient expressément défendues.

Enfin, une collection de toutes les toiles passées et présentes des foires connues, étaient appendue aux vergues des tréteaux, et se balançaient au vent comme des voiles latines.

Si bien que l'établissement de M. Galilée Copernic ressemblait à une immense jonque chinoise, naviguant dans l'océan de la foule.

Ces tréteaux — il y a nécessité de revenir à eux — ces tréteaux, qui présentaient une superficie praticable de six ou huit pieds de large, sur une vingtaine de pieds de long, ces tréteaux étaient splendidement éclairés par une rampe de quatorze lampions, dégageant une fumée épaisse qui s'élevait, comme un péristyle, de ce temple consacré au Dieu de l'art.

On les avait, après une heure d'attente, allumés à cinq heures, et la vue de cette illumination avait un peu calmé la foule, qui attendait déjà depuis quatre heures; mais comme depuis vingt minutes les lampions étaient allumés, brûlaient et fumaient; que, malgré l'affiche qui annonçait positivement pour quatre heures précise, *grande parade entre* M. Phénix Fafiou *et* M. GALILÉE COPERNIC, personne ne paraissait, la foule, quoiqu'elle ne payât aucunement, poussait des cris d'indignation et des hurrahs de fureur.

Au reste, une chose que j'ai remarquée depuis que je fais du théâtre, et que je soumets bien humblement à l'appréciation des philosophes et à l'analyse des savants, c'est que moins un spectateur a payé, plus il est exigeant, et qu'aux premières représentations, les critiques les plus amères et les sifflets les plus acharnés viennent presque toujours de ceux qui n'ont pas eu la peine de mettre pour entrer la main à la poche de leur gilet.

La foule, qui attendait depuis une heure

vingt minutes, et qui était ce soir-là, on ne sait pourquoi, trois fois plus nombreuse qu'elle n'était d'ordinaire, la foule se croyait donc en droit de protester, contre ce crime de *lèse-foule*, par des vociférations menaçantes et des jurons empruntés aux différents catéchismes poissards ayant cours à cette époque, et publiés à l'usage des jeunes gens de bonne famille.

Enfin, vers cinq heures et demie, le sieur Galilée Copernic lui-même, entendant les cris d'indignation poussés par les spectateurs qui ne voyaient rien, par les auditeurs qui n'entendaient rien, M. Galilée Copernic, jugeant au balancement imprimé à sa baraque que l'orage était sérieux, et que la multitude commençait à devenir houleuse, M. Galilée Copernic, disons-nous, apparut enfin sur les tréteaux, vêtu de son costume de Cassandre.

Mais cette vue, que l'on eût cru devoir calmer l'agitation, sembla au contraire l'augmenter; malgré la majesté avec laquelle le sieur Galilée Copernic se présentait à la foule, celle-ci éclata en huées et en sifflets, huées si violentes, sifflets si aigus, que le malheureux saltimbanque ne put pendant cinq minutes articuler une seule parole.

Ce que voyant, il réunit ses deux mains en entonnoir devant sa bouche, demandant à l'intérieur un objet quelconque que lui passa la main blanche de mademoiselle Musette.

Cet objet était une clé de porte cochère, dont le son domina bientôt d'une façon si triomphante les sifflets de la foule, que la foule émerveillée se tut, laissant maître Galilée Copernic siffler tout seul.

On eût dit un solo de boa au milieu d'un concert de serpents à sonnettes.

Enfin, comme on se lasse de tout, même de siffler, le sieur Galilée Copernic éloigna la clé de sa bouche, et comme lui seul troublait le silence, le silence régna de nouveau.

Il en profita pour s'avancer jusque sur la rampe, et après avoir salué avec une suprême dignité.

— Milords et messieurs, dit-il, j'imagine que ce n'est pas à moi que ces sifflets sont adressés.

— A toi et à Fafiou, crièrent cent voix.

— Oui, oui, oui, à tous les deux, répéta la foule. A bas Copernic! à bas Fafiou!

— Milords et messieurs, reprit Copernic, dès que le silence fut rétabli, il y aurait injustice à me faire supporter ce retard qui vous blesse, car à quatre heures précises, revêtu de mon costume de Cassandre, j'étais prêt à avoir l'honneur de paraître devant vous.

— Eh bien, alors, pourquoi n'y avez-vous point paru? crièrent les mêmes voix. Où étiez-vous? que faisiez-vous?

— Où j'étais et ce que je faisais, milords et messieurs?

— Oui, oui, oui, où étiez-vous, d'où vient le retard? Vous manquez au public. Des excuses! des excuses!

— D'où vient ce retard mystérieux? d'où

vient-il, milords et messieurs, faut-il vous le dire. Oui, je crois qu'il faut vous donner cette marque de déférence.

— Parlez, parlez, parlez.

— Eh bien, puisqu'il faut vous le dire, ce retard vient d'un malheur immense, épouvantable, inouï, arrivé il n'y a qu'un instant à votre artiste de prédilection, à notre camarade, à notre ami Phénix Fafiou, qui, comme chacun sait, devait remplir le rôle de valet, rôle indispensable, dans une pièce à deux personnages seulement, et dans laquelle le valet joue le premier rôle.

Un grand mouvement se fit dans la foule, qui prouva qu'elle n'était pas insensible au malheur, quel qu'il fût, arrivé à Fafiou.

Copernic, fit signe qu'il désirait continuer, et les spectateurs ayant hâte d'être tirés de leur angoisse s'empressèrent de faire silence.

Cassandre reprit :

— Mais quel malheur est donc arrivé à Phénix Fafiou, allez-vous me demander d'une seule voix.

Milords et messieurs, il lui est arrivé

un malheur comme il peut en arriver un à vous, à moi, à monsieur, à madame, à nos amis, à nos ennemis, car nous sommes tous mortels, comme me le disait un jour confidentiellement monsieur le prince de Metternich.

Nouveau tumulte dans la foule.

— Oui, milords et messieurs, s'écria Copernic, profitant de la sensation produite par ses paroles pour s'emparer complétement de la foule. Oui, Fafiou, votre artiste chéri, a failli mourir tout à l'heure.

A cette nouvelle, plusieurs spectateurs

et un grand nombre de spectatrices poussèrent un long et lugubre gémissement.

Copernic remercia la foule de la main et du regard et continua.

— Voici le fait, milords et messieurs, le fait dépouillé de tout artifice et mis sous vos yeux dans toute sa terrible simplicité.

Depuis quelque temps on avait remarqué avec inquiétude que Fafiou se retirait dans des coins, que Fafiou devenait triste, que Fafiou maigrissait, l'œil se cernait visiblement, les pommettes devenaient de jour en jour plus rouges et plus saillantes, les dents se décharnaient, et le menton se rapprochait insensiblement du nez, qui, pareil à celui du malheureux père Aubry, que j'ai connu sur les bords du Mississipi, s'inclinait tristement vers la tombe.

Qu'avait Fafiou ?

Quelle douleur poignante ravageait sourdement cet artiste de choix ?

Son estomac se détériorait-il ?

Sa poitrine s'affaiblissait-elle ?

Non, la croissance de Phénix Fafiou était achevée.

Etait-ce la misère, la simple misère qui le poursuivait? était-il obligé d'aller dans les rues nu-tête faute de chapeau, de marcher pieds nus faute de souliers, d'aller en bras de chemise faute d'habit?

Non, vous avez pu vous en convaincre par vous-mêmes, Fafiou a un tricorne neuf, des souliers neufs, une veste neuve, que je l'ai autorisé à prendre parmi mes vieux habits.

Fafiou avait-il à pleurer un parent chéri, menait-il au fond du cœur le convoi de son père ou de sa mère, son oncle était-il décédé sans rien lui laisser, ou son neveu était-il mort en lui laissant des dettes?

Non, messieurs, Fafiou n'avait ni père ni mère, Fafiou n'avait pas d'oncle, Fafiou n'avait pas de neveu, Fafiou n'avait pas de famille.

Mais alors, demanderez-vous, milords et messieurs, alors qu'avait donc Fafiou ?

Ce qu'il avait, messieurs, ce qu'il avait...

— Oui, oui, qu'avait-il ? cria la foule.

— Il avait ce que nous sommes tous exposés à avoir, grands comme petits, riches comme pauvres : Fafiou avait des peines de cœur.

Fafiou était amoureux.

J'entends quelques militaires murmurer : ce n'est pas vrai, Fafiou a le nez en trompette, et l'on n'est pas amoureux avec un nez en trompette.

Je me permettrai de dire à messieurs les militaires de tous grades, depuis les caporaux jusqu'aux maréchaux de France, qu'ils me paraissent injustes, et pour le nez de Fafiou, et pour l'instrument sur lequel ce nez est modelé.

Par quelle injustice l'homme qui aurait le nez en trompette demeurerait-il étranger aux félicités de ce monde, et quelle est la loi, divine ou humaine, qui concède le privilége exclusif de la volupté à ceux qui ont le nez en perroquet, au détriment de ceux qui ont des nez en cor de chasse ?

Fafiou, du côté du nez, est bâti incomplétement, je vous l'accorde; mais Fafiou est, au nez près, bâti comme les autres hommes.

Et pour un nez plus ou moins aquilin, plus ou moins retroussé, vous lui dites : va-t'en, vous lui lâchez le mot : *Raca*.

Fi ! messieurs, vous n'y songez pas sérieusement, Fafiou peut être impropre, mais Fafiou n'est pas insensible à l'amour.

Et ce qui le prouve, milords et messieurs, c'est que, comme j'ai eu l'honneur de vous le dire, Fafiou est amoureux, amoureux à lier, amoureux fou.

Tel était, milords et messieurs, le secret de la maigreur et de la mélancolie de Fafiou.

Que fit-il, qu'imagina-t-il, le malheureux ?

Je n'y songe pas sans frémir et ne vous le dis pas sans frissonner.

Il pensa à se détruire par l'eau, par la poudre, par le feu, par la corde ou par le poison.

Les moyens d'accomplir son sinistre projet ne manquaient donc pas à Fafiou. Il n'avait, au contraire, que l'embarras du choix.

Mais il y a moyen et moyen, comme me le disait confidentiellement M. le comte de Nesselrode.

Il y avait d'abord, nous l'avons dit, le moyen de la rivière ; la rivière coule pour tout le monde, et Fafiou pouvait se jeter à l'eau du haut du pont Notre-Dame.

Mais, songeant avec terreur qu'il savait nager, et qu'il faisait dix degrés de froid, il comprit qu'il ne se noierait pas, et qu'il s'enrhumerait.

Il dut donc renoncer au mode de trépas ouvert à tout autre, fermé pour lui.

Il avait le moyen de l'arme à feu, il pouvait se brûler la cervelle; mais Fafiou réfléchit qu'il avait tellement peur de la détonation, qu'au moment où le coup se ferait entendre, il s'enfuirait à toutes jambes, si bien que la balle partirait en l'air, et retomberait sans l'avoir atteint.

Il avait le moyen de la flamme; il pouvait, comme Sardanapale, se coucher sur un bûcher, s'y faire apporter son déjeûner, son dîner ou son souper, mettre le feu au bûcher, et se faire consumer en consommant ; mais se rappelant d'une part qu'il s'appelait Phénix Fafiou, ayant d'une autre part lu dans Pline et dans Hérodote que le Phénix renaissait de ses cendres, il lui sembla complétement inutile de décéder le dimanche, pour renaître le lundi ou le mardi.

Il avait le moyen de la corde, autrement dit il pouvait se pendre ; mais, songeant tout à coup à la foule de gens dont il allait faire le bonheur, en leur laissant ce talisman infaillible que l'on appelle de la corde de pendu, un sourire de misanthropie vint effleurer ses lèvres, et il renonça à ce philanthropique moyen.

Restait donc le poison, le poison fatal, le poison sombre ; car, messieurs, que ce soit le poison de Mithridate, le poison d'Annibal, le poison de Locuste, le poison des Borgia, le poison de Médicis, ou le poison de la marquise de Brinvilliers, le poison est toujours du poison, ainsi que me le disait un jour, en confidence, M. le prince de Talleyrand.

Il s'arrêta donc à ce dernier moyen, au poison fatal, au sombre poison ; et quand je le vis arriver tout à l'heure, pâle, défiguré, pantelant, hideux à voir, je tremblai de tous mes membres, et devinai, à la première vue, qu'il venait de se suicider.

Je lui demandai en conséquence avec affection :

— Qu'as-tu donc, drôle, pour nous faire attendre ainsi, le public et moi, depuis une heure?

— Monsieur Copernic, me répondit Fa fiou, j'ai mis fin à mes jours.

Cette franchise me toucha.

Mais en même temps une chose m'étonna, je dois l'avouer.

Ce fut d'apprendre de sa propre bouche la déplorable nouvelle de sa mort.

Mais comme j'ai vu des choses cent fois plus surprenantes encore que celle-là, je continuai mes investigations.

— Et de quelle façon, lui demandai-je, d'une voix très émue pour mon âge et pour ma position, de quelle façon as-tu mis fin à tes jours?

— En m'empoisonnant, me répondit Fafiou.

— Avec quoi?

— Avec du poison.

J'avoue que cette réponse me parut, comme sublimité, lancer bien loin derrière elle le QU'IL MOURUT du vieil Horace, et le MOI de Médée.

— Et où as-tu trouvé du poison, lui demandai-je avec le calme d'un homme qui connaît cent trente-deux sortes de contre-poison.

— Dans l'armoire de votre chambre à coucher, me répondit Fafiou d'une voix caverneuse.

En entendant ces mots ma perruque se dressa sur ma tête, et ma barbe, que je venais de faire, repoussa subitement, je pâlis de la tête aux pids, et j'oscillai sur ma base.

— Mal-heu-reux! m'écriai-je en entrecoupant mes paroles, je t'avais défendu d'ouvrir cette armoire.

— C'est vrai, monsieur Copernic, me repondit Fafiou d'un air désespéré, mais je vous avais vu y enfermer les deux pots.

— Mais ne t'avais-je pas prévenu, misérable, que ces deux pots contenaient de la marmelade d'arsenic que le grand shah de Perse, dont je suis le premier médecin, m'avait fait demander pour le débarrasser des rats qui infestent son palais ?

— Je le savais! répondit Fafiou avec une sauvage énergie.

— Et tu en as mangé un ?

— J'ai mangé les deux.

— Même les pots ?

— Non, monsieur, mais leur contenu.

— Tout entier ?

— Tout entier.

— Malheureux! m'écriai-je.

Et je répétai trois fois cet adjectif, qui me paraissait caractériser à merveille la situation de Fafiou.

Si bien, milords et messieurs, que cet empoisonnement, la cause qui l'a amené, les incidents de différente nature qui en ont été la suite, les larmes que le suicide de Fafiou a fait jaillir, comme le coco d'une fontaine, des yeux de tous ses camarades, ces choses, et beaucoup d'autres encore, messieurs, qu'il est inutile de porter à votre connaissance, ont momentanément retardé, à mon grand regret, la représentation.

Si vous n'êtes pas impitoyables, comme j'aime à me l'imaginer, si une certaine émotion, soulevée par ce déplorable récit, fait tressaillir vos cœurs au fond de vos poitrines, vous pardonnerez aisément ce retard pour cause de décès, et vous nous permettrez de reprendre tranquillement le cours de nos représentations, et de vous jouer ce soir, comme l'affiche l'annonce, la pièce intitulée :

DEUX LETTRES TRÈS PRESSÉES,

Comédie-pochade en un acte.

Dans laquelle l'hénix Fafiou remplira le rôle de Gille, et votre serviteur celui de Cassandre.

— Mais, me direz-vous — les foules sont

pleines de ces questions inattendues — mais, me direz-vous, comment se fait-il, d'une part, que Fafiou soit empoisonné, et que, d'autre part, et nonobstant, il remplisse le rôle de Gille ?

La réponse est facile, milords et messieurs, et j'ai résolu dans plusieurs cours de l'Europe, et particulièrement dans la cour des Fontaines, des questions bien autrement insolubles que celle que vous me faites l'honneur de m'adresser.

En effet, milords et messieurs, peu de mots me suffiront pour vous expliquer ce problème.

Quelques-uns de vous ont probablement

entendu parler de la gourmandise proverbiale de Fafiou? Personne de la société qui ne l'ait rencontré dans les carrefours de la capitale, grignotant, selon la saison, des pruneaux, des marrons, des nèfles, des noix ou des châtaignes?

L'influence désastreuse que cette incessante absorption de chatteries a dû nécessairement avoir sur le tube intestinal de notre malheureux ami, je ne veux pas la sonder, je ne m'en informe à personne, je ne désire pas la connaître.

Mais l'influence de cette gourmandise immodérée sur mon garde-manger, voilà ce que je ne saurais passer sous silence ; voilà ce que je n'ai besoin de demander à personne ; voilà ce que je connais parfaitement par moi-même.

Or, ayant cru comprendre que l'heure était arrivée de tendre un piége à la gloutonnerie ruineuse de Fafiou, je me mis à réfléchir sur la façon dont le piége devait être tendu.

Vous comprenez bien que l'on n'a pas pris le vin blanc avec les diplomates les plus distingués du continent, sans avoir conservé un reflet de leur astucieuse perspicacité et de leur merveilleuse imagination.

Or, une princesse étrangère à laquelle j'avais eu le bonheur de sauver la vie dans une maladie où elle était restée abandonnée de tous les médecins, m'avait envoyé, à la fin de l'automne dernier, deux pots de confitures de poires, confitures pour lesquelles, dans un moment d'abandon, je lui avais avoué ma faiblesse. Mais me rappelant instantanément que le nommé Fafiou, qui raffole de toute chose, raffolait encore plus particulièrement que moi des confitures de poires, je résolus de tendre un piége à la crédulité de ce pitre, et je lui confiai, sous le sceau du secret, que ces deux pots étaient remplis d'une gelée d'arsenic, que j'avais spécialement composée pour le grand shah de Perse, et dans le but que je vous ai dit.

Fafiou n'avait point alors de projets sinistres sur sa personne, et il frissonna rien qu'en voyant les pots.

Mais depuis, étant tombé dans le désespoir que je vous ai dit, il songea à ces deux pots, d'abord avec une terreur moins grande ; puis au fur et à mesure qu'il se familiarisait avec l'idée de la mort, sans terreur ; puis, enfin, lorsqu'il fut tout à fait familiarisé avec cette idée, avec joie.

Vous comprenez tout maintenant, milords et messieurs. Arrivé au comble du désespoir, décidé à se suicider, Fafiou mangea les deux pots, qui contenaient chacun une livre de marmelade.

Les premiers syptômes furent ceux de l'empoisonnement. Mais grâce aux prompts remèdes que j'ai apportés à sa situation, je crois pouvoir vous répondre que la vie de notre camarade Phénix Fafiou ne court plus aucun danger.

Nous allons donc, dans quelques secondes, avoir l'honneur de commencer la représentation.

Allllllez la musique.

A cette invitation, on entendit partir de l'intérieur de la baraque des sons de trombonne, de clairinette, de grosse caisse et de tambour, assez semblable au bruit qui part d'un atelier de chaudronnier.

Sur cette harmonie imitative, M. Galilée Copernic salua profondément le public et disparut, aux applaudissements et aux cris joyeux de la foule, que ce récit de son Cassandre bien-aimé avait remise en bonne humeur, car il y a trois choses changeantes sous le ciel, dit l'Ecclésiaste :

La foule, les femmes et les flots.

Au moment où la musique faisait rage annonçant que la parade tant attendue allait commencer, arrivèrent des deux côtés du boulevart, c'est-à-dire dans la direction de la Bastille et de la porte Saint-Martin, plusieurs personnages vêtus de longs manteaux bruns comme on les portait à cette époque, lesquels personnages se mêlèrent à la foule et se confondirent bientôt avec elle.

Pour un passant inattentif, ces différents personnages pouvaient paraître étrangers les uns aux autres ; mais, pour un observateur intelligent, il était évident que ces hommes à manteaux se connaissaient à un titre quelconque, car chacun, à son arrivée, échangea de loin, avec ceux qui étaient déjà là, un imperceptible signe de reconnaissance. Mais bientôt, comme nous l'avons dit, s'enfonçant dans cette masse compacte, s'isolant les uns des autres, chacun parut être venu là pour assister à la représentation de la parade, et personne ne fit attention à cette partie hétérogène de spectateurs qui venait se mêler au public ordinaire du sieur Galilée Copernic.

La symphonie discordante achevée derrière le rideau de fond, Gille et Cassandre, c'est-à-dire Fafiou et Copernic, apparurent sur les tréteaux.

Ce fut pendant dix minutes un immense éclat de rire mêlé de tonnerres d'applaudissements.

Chacun d'eux s'avança jusque sur la rampe, fit trois saluts en s'inclinant respectueusement à chaque salut.

Puis Fafiou alla s'adosser à la toile de fond, tandis que Cassandre, qui ouvrait la pièce, étant demeuré sur la rampe, commença le monologue suivant :

Nous sommes heureux de pouvoir mettre sous les yeux de nos lecteurs cet échantillon de la littérature en plein air en vogue en l'an de grâce 1827, lequel a été sténographié par un de nos amis, et fera, sans qu'il y soit changé un seul mot, l'objet du chapitre suivant.

V.

Où le lecteur qui n'aime pas les parades, quelques conséquences qu'elles puissent avoir en politique, est prié d'aller faire un tour au foyer.

SCÈNE PREMIÈRE

CASSANDRE *rêveur sur le devant de la scène*, GILLE *au fond du théâtre.*

CASSANDRE.

Que le diable m'emporte si je sais où trouver un domestique, doué en même temps d'esprit, de probité et d'un mauvais estomac, c'est-à-dire possédant les trois vertus théologales des bons serviteurs. C'est que plus nous allons, plus le monde va, et va de mal en pis ; les bons domestiques se font rares. Où diable peuvent-ils être allés ? dans quelque pays où il n'y a pas de maîtres ; c'est au point que j'ai souvent songé à une chose : c'est de me prendre à mon service. Mais j'ai réfléchi : je suis d'une avarice si crasse, que jamais je ne consentirais à me donner les gages que je mérite ; et comme ma première condition, quand un domestique entre chez moi, c'est de n'être point obligé de le nourrir, je mourrais incontestablement de faim. Renonçons donc à ce projet insensé, et cherchons un serviteur moins exigeant que moi. *(Regardant autour de lui.)* Que vois-je donc là-bas? Eh ! c'est justement un valet;

il court comme un dératé en regardant en l'air. Eh ! l'ami ! Il ne m'entend pas, et regardant toujours en l'air. Eh l'ami ! Espérons qu'il rencontrera quelque pavé et qu'il tombera. Patatras ! le voilà à terre. (*Allant à Gille et le relevant.*) Mon ami, après quoi cours-tu ?

GILLE.

Monsieur, je ne cours plus, vous le voyez bien.

CASSANDRE.

C'est juste ; ce garçon est plein de sens, et c'est moi qui suis dans mon tort. Excuse-moi, j'ai pris un temps pour un autre. Après quoi courais-tu ?

GILLE.

Je courais après un oiseau.

CASSANDRE.

Cela m'explique pourquoi ce garçon regardait en l'air. Et comment cet oiseau s'était-il échappé?

GILLE.

Parce que j'avais ouvert la porte de sa cage.

CASSANDRE.

Et pourquoi avais-tu ouvert la porte de sa cage?

GILLE.

Parce que sa cage sentait mauvais, à cette pauvre petite bête.

CASSANDRE.

D'après ce que je vois, tu es en service?

GILLE.

Ah! monsieur, bien certainement, après le malheur qui vient de m'arriver, je peux me regarder comme libre.

CASSANDRE.

Bigre! Mais il faut d'abord que je sache d'où tu sors.

GILLE.

Je sors d'une maison.

CASSANDRE.

Je m'en doute bien, mais à qui était la maison?

GILLE.

A un archevêque.

CASSANDRE.

Et quelles fonctions remplissais-tu, chez ton archevêque ?

GILLE.

J'étais maître d'hôtel.

CASSANDRE.

Bigre ! tu dois cuisiner proprement, alors. Et que me prendras-tu ?

GILLE.

Pourquoi faire ?

CASSANDRE.

Pour être à mon service ?

GILLE.

Oh! soyez tranquille, monsieur, je vous prendrai tout ce que je pourrai.

CASSANDRE.

Je te demande sur quel pied tu comptes entrer à mon service.

GILLE.

Sur mes deux pieds, monsieur.

CASSANDRE.

Alors, voilà qui est bien, et je crois que nous nous conviendrons parfaitement.

GILLE.

Et moi j'en suis sûr, monsieur.

CASSANDRE *le regardant.*

Eh! eh!

GILLE *regardant Cassandre.*

Eh! eh!

CASSANDRE.

Ta physionomie me plaît, la nuance de tes cheveux est de mon goût, ton nez me séduit; maintenant, voyons un peu si ton ramage ressemble à ton plumage.

GILLE *chantant.*

Un Suiss' revenant de campagne.
De son pays de l'Allemagne...

CASSANDRE.

Que fais-tu ?

GILLE.

Dame, vous avez demandé à voir mon ramage, je chante.

CASSANDRE.

Ce garçon m'est de plus en plus sympathique. Ce n'est pas cela que je voulais dire, je voulais t'adresser quelques questions, pour voir si tu n'es pas entièrement dénué de bon sens.

GILLE.

Oh! si ce n'est que cela, parlez, monsieur, demandez, questionnez. Il n'y a personne qui puisse mieux vous répondre que votre serviteur.

CASSANDRE.

C'est vrai, car tu parles beaucoup. Explique-moi z'un peu, par exemple... J'ai oublié de te demander comment tu t'appelais.

GILLE.

Je m'appelle Gille, pour vous servir.

CASSANDRE.

Ce garçon est on ne peut plus insinuant. Eh bien, alors, mon cher Gille, explique-moi z'un peu comment il se fait que les poissons aillent au fond de la rivière sans se noyer.

GILLE.

Et qui vous dit, monsieur, qu'ils ne se noient pas ?

CASSANDRE.

Mais, puisqu'après avoir été au fond, ils reviennent à la surface de l'eau.

GILLE.

Ce ne sont pas ceux qui sont noyés qui reviennent, monsieur, c'en sont d'autres.

CASSANDRE, *après un moment de profonde réflexion.*

Bigre ! Tu pourrais bien, en effet, avoir raison.

GILLE.

Monsieur a-t-il d'autres questions à m'adresser ?

CASSANDRE.

Certainement. Comment se fait-il que la

lune se couche précisément quand le soleil se lève ?

GILLE.

Monsieur, ce n'est pas la lune qui se couche quand le soleil se lève, c'est le soleil qui se lève quand la lune se couche.

CASSANDRE *étonné.*

Par ma foi, je n'y avais jamais songé. Tu es donc astronome, Gille ?

GILLE.

Oui, monsieur.

CASSANDRE.

Et sous qui as-tu étudié ?

GILLE.

Sous M. Galilée Copernic.

CASSANDRE.

Un grand homme !... Eh bien, alors, si tu as étudié sous cet illustre savant, tu pourras probablement répondre à la question que je vais te faire. Crois-tu que la Providence ait été juste envers moi en ne me donnant que deux mains, quand j'ai cinq pieds quatre pouces.

GILLE.

Elle a été bien plus injuste envers l'âne, monsieur qui n'a que quatre pieds et pas de mains du tout.

CASSANDRE *stupéfait*.

Ce garçon-là a réponse à tout. (*A lui-*

même et en se rapprochant du public.) Décidément je crois que j'ai rencontré z'un garçon plein de bon sens, qui sera un domestique dévoué, et dont je pourrai peut-être, un jour, faire aussi un bon gendre, s'il a quelques écus de côté. Voyons, réponds-moi, Gille.

GILLE.

Je ne fais que cela, monsieur.

CASSANDRE.

C'est vrai. Es-tu garçon, Gille ?

GILLE.

Dame, à moins qu'on ne se soit trompé en me déclarant à la mairie.

CASSANDRE.

Le drôle ne me comprend pas. Je te demande si tu es célibataire ?

GILLE.

Célibataire comme Jeanne-d'Arc.

CASSANDRE.

Que veux-tu dire ?

GILLE, *mystérieusement*.

Je veux dire que je pourrais chasser les Anglais.

CASSANDRE.

Cela pourra te servir dans l'occasion, mais ne parlons pas politique.

GILLE.

C'est cela, monsieur, parlons philosophie, botanique, anatomie, littérature, science, pyrotechnie. (*S'interrompant.*) A propos de pyrotechnie, qu'est-ce que j'aperçois donc là-bas?

CASSANDRE, *suivant la direction du doigt de Gille.*

C'est une bouteille de vin que je viens de faire monter dans l'intention de me rafraîchir.

GILLE.

Êtes-vous comme moi, monsieur?

CASSANDRE.

Peut-être ; comment es-tu?

GILLE.

Je suis altéré.

CASSANDRE.

Oh ! moi, je le suis toujours.

GILLE.

J'étranglerais volontiers une chopine.

CASSANDRE, *à part*.

Le drôle est plein d'adresse. (*Haut*) Eh bien, cela y est, Gille, et nous allons jaser en gobelotant, ou gobeloter en jasant, comme tu voudras. Tu m'as l'air d'un garçon rangé.

GILLE.

Eh bien, c'est ce qui vous trompe, mon

sieur, depuis les vendanges dernières, je suis tout...

CASSANDRE, *interrompant à part.*

Le drôle ne me comprend pas. (*Haut*) Je voulais dire que tu ne me parais pas avoir de vices.

GILLE.

Non, monsieur, je n'ai que des clous, et ils me font bien souffrir.

CASSANDRE.

Je veux dire que tu sais te conduire.

GILLE.

J'ai été cocher de fiacre.

CASSANDRE.

Changeons de conversation ; il y a certains points sur lesquels le drôle me paraît avoir l'esprit complétement bouché. As-tu beaucoup servi, Gille?

GILLE.

Oui, monsieur, ce qui ne m'empêche pas d'être complètement neuf.

CASSANDRE.

Et qui as-tu servi ?

GILLE.

Ma patrie d'abord.

CASSANDRE.

Comment, tu as été soldat, mon brave ?

GILLE.

Comme conscrit, oui, monsieur, pendant trois mois.

CASSANDRE.

Aurais-tu eu le malheur d'être blessé ?

GILLE.

Je l'ai été.

CASSANDRE.

Où cela, mon garçon ?

GILLE.

Au cœur. J'ai été blessé de la conduite de mon général.

CASSANDRE.

Qu'est-il donc arrivé ?

GILLE.

Il est arrivé que le général nous a fait traverser la plaine en tout sens.

CASSANDRE.

Dame, il était peut-être enrhumé.

GILLE.

Ce qui fait, comme nous n'avions pas rencontré un seul ennemi, que je me suis permis de dire que le général avait remporté une grande victoire.

CASSANDRE.

Laquelle ?

GILLE.

Qu'il avait *battu* la campagne. De façon que le général m'a envoyé en prison.

CASSANDRE.

Il ne t'aura pas compris. Et combien de temps es-tu resté en prison ?

GILLE.

Trois ans, monsieur.

CASSANDRE.

Et dans quel site s'élevait ton cachot ?

GILLE.

Il ne s'élevait pas, monsieur, il s'enfonçait.

CASSANDRE.

Je comprends, de sorte que tu te trouvas...

GILLE.

Enfoncé, oui, monsieur.

CASSANDRE.

Je voulais demander dans quel lieu il était situé?

GILLE.

Près de la mer.

CASSANDRE.

De quelle mer?

GILLE.

De la Méditerranée.

CASSANDRE.

Je connais, près de la Méditerranée, une ville où j'ai été.

GILLE.

Moi aussi, monsieur.

CASSANDRE *cherchant*.

Elle s'appelait Tou... Tou... Tou...

GILLE *achevant*.

Lon, lon, lon.

CASSANDRE.

C'est cela, Toulon. Ah! mon pauvre garçon, et toi aussi, tu as été aux galères.

GILLE.

Il n'y a pas de sot métier, monsieur.

CASSANDRE.

C'est parfaitement vrai. Et qui as-tu servi encore, outre ta patrie?

GILLE.

J'ai servi de jouet à une de mes payses.

CASSANDRE.

Qui t'a fait voir du pays.

GILLE.

Justement, monsieur, et j'ai compris que les voyages que vous font faire les filles sont bien plus fatigants que ceux qu'on fait sur la mer.

CASSANDRE.

Tu as dû économiser quelque chose pendant tes longs services, Gille?

GILLE.

Oui, monsieur, j'ai économisé bien des peines.

CASSANDRE.

D'accord, mais des espèces ?

GILLE.

Toute espèce de peines.

CASSANDRE.

Le drôle ne me comprend pas. Je te demande si tu as quelques pièces ?

GILLE.

J'en ai plein mon habit, monsieur.

CASSANDRE.

Des fonds ?

GILLE.

Plein ma culotte.

CASSANDRE.

Non, c'est pas cela. Tu dois avoir quelque argent comptant?

GILLE.

Je serais encore plus content d'avoir quelque argent.

CASSANDRE.

Le drôle ne me comprend pas. As-tu mis quelque chose de côté?

GILLE.

J'ai mis de côté les folies de la jeunesse. Que voulez-vous, monsieur, on vieillit.

CASSANDRE.

A qui le dis-tu, Gille. Toutefois, tu n'as pas encore répondu à ma question.

GILLE.

Oh! bah!

CASSANDRE.

Je te demandais si tu avais quelque argent placé?

GILLE.

Que ne vous expliquiez-vous tout de suite, monsieur: j'ai cinquante écus de rente viagère après le décès de ma tante.

CASSANDRE, *émerveillé.*

Cent cinquante livres de rente! mais sais-tu que c'est une somme?

GILLE.

Certainement que je le sais.

CASSANDRE.

Mais je veux dire une belle et bonne somme.

GILLE.

Sans doute, j'entends bien ; vous voulez dire que ce n'est pas une bête de somme ?

CASSANDRE.

Gille !

GILLE.

Monsieur !

CASSANDRE.

Je te propose une chose.

GILLE.

Laquelle ?

CASSANDRE.

Accepteras-tu ?

GILLE.

J'accepterai, si je ne refuse pas.

CASSANDRE.

J'ai une fille.

GILLE.

Vraiment ?

CASSANDRE.

Parole d'honneur.

GILLE.

A vous tout seul, monsieur ?

CASSANDRE.

Je l'a z'ue de feue ma femme.

GILLE.

Alors, elle est de votre femme, et pas de vous?

CASSANDRE.

Je te demande pardon, Gille : elle est de nous deux. — Ce garçon est si innocent qu'il ne comprend pas. — Je disais donc que j'avais une fille belle, vertueuse, chaste, et d'un caractère très joyeux.

GILLE.

Alors, monsieur, c'est une fille de joie.

CASSANDRE.

Je cherche depuis quelque temps un parti sortable pour elle. Je te trouve là par hasard, et je te fais cette proposition : Gille, veux-tu z'être mon gendre ?

GILLE.

Eh bien ! je ne dis pas non, monsieur.

CASSANDRE.

Qu'est-ce que cela me fait, si tu ne dis pas oui.

GILLE.

Encore faudrait-il voir l'objet, monsieur.

CASSANDRE.

Je vais te le montrer.

GILLE.

Oui, mais pour rien ?

CASSANDRE.

Pour rien, sans doute. (*A part*) Décidément, c'est un garçon économe.

GILLE.

Et de quelle dot comptez-vous la parer?

CASSANDRE.

D'une dot égale à celle que tu apportes toi-même : cinquante bons écus, Gille.

GILLE.

Touchez là, c'est dit.

CASSANDRE.

Alors, je puis appeler ma fille ?

GILLE.

Appelez-la.

CASSANDRE, *appelant*

Zirzabelle! — Je crois que tu seras content.

GILLE.

Vous dites qu'elle est belle?

CASSANDRE.

C'est mon portrait tout craché.

GILLE.

Jarnombille ! Il n'y a rien de fait.

CASSANDRE.

Embelli, bien entendu.

GILLE.

A la bonne heure.

CASSANDRE *appelant plus fort.*

Zirzabelle! Holà ! Zirzabelle. Il faut toujours s'égosiller quand on a besoin de cette péronnelle-là. Zirzabelle !

SCÈNE II.

LES MÊMES. — ZIRZABELLE.

Zirzabelle arrive tout doucement, approche sa bouche de l'oreille de son père et crie :

Me voilà !

CASSANDRE.

Peste soit de la carogne, qui a pensé me faire crever de peur.

ISABELLE.

Dame ! aussi, mon père, vous criez comme un bâton qui a perdu son aveugle !

CASSANDRE.

Pourquoi ne viens-tu pas toutes les fois que je t'appelle ?

ISABELLE.

Parce que si j'allais toutes les fois qu'on m'appelle, j'irais trop souvent, et surtout j'irais trop loin. Qu'y a-t-il pour votre service, mon père ?

CASSANDRE.

Regarde.

ISABELLE.

Quoi ?

CASSANDRE, *montrant Gille.*

Ce joli garçon.

ISABELLE.

Ce mitron-là ?

CASSANDRE.

Comment le trouves-tu ?

ISABELLE.

Oh ! le vilain masque !

CASSANDRE.

C'est ton futur mari.

ISABELLE.

Comment, mon futur mari.

CASSANDRE.

Oui, je viens de lui donner ma parole.

ISABELLE.

Eh bien ! vous pouvez la lui retirer.

CASSANDRE.

Plaît-il ?

ISABELLE.

Moi ! épouser ce carême-prenant-là, jamais !

GILLE.

Je suis maigre, mademoiselle, mais avec de la bonne volonté on arrive à tout...

ISABELLE.

Avec cette figure-là, on n'arrive qu'à l'hôpital, entendez-vous, mon bel ami ?

CASSANDRE à *Gille.*

Comment la trouves-tu ?

GILLE.

Adorable !

CASSANDRE.

Eh bien ! cornes de bouc ! elle sera ta

femme. Je te laisse avec elle, entretiens-la.

GILLE.

Mais alors, quand elle m'aura quittée, ce sera une fille entretenue.

CASSANDRE, *sortant*.

Le drôle ne me comprend pas.

SCENE III.

GILLE, ISABELLE.

ISABELLE.

Oh! que je suis infortunée dans mon infortune, et comment ma mère, qui avait pour sa fille le choix d'un père, a-t-elle pu me choisir ce père-là?

GILLE.

Vous avez tort, mademoiselle Zirzabelle, de dégoiser de pareilles injures contre le citoyen qui est l'auteur de vos jours. Est-ce donc vous mettre à mal et vous écorcher que de vous offrir un galant homme pour époux?

ISABELLE.

Moi! votre époux?... — C'est-à-dire vous ma femme.

GILLE.

Pardon, je crois que vous vous trompez, mademoiselle Zirzabelle.

ISABELLE.

Oui, mais vous me comprenez tout de même. Jamais!

GILLE.

Cependant si, entre les deux yeux, la main droite sur mon cœur, la main gauche à la couture de mon pantalon, je vous avouais que je suis tombé subitement amoureux?

ISABELLE.

Et de qui ça?

GILLE.

De vous. Tenez, me voilà z'en position, la main droite sur le cœur, la main gauche sur la couture du pantalon, je vous regarde entre les deux yeux, je vous aime à la rage, ma chère, qu'avez-vous à répondre?

ISABELLE.

Je répondrai z'a cet aveu flatteur par un aveu exactement semblable, excepté que ce sera tout le contraire. Je vous crois issu d'une noble race, et je pense parler à un chevalier français. Je vais donc vous lâcher une confidence.

GILLE.

Je vous écoute avec intérêt. Z'allez.

ISABELLE.

Faut-il que je sois franche ?

GILLE.

Soyez-le.

ISABELLE.

Dès que je vous ai vu, je vous ai pris en exécration.

GILLE.

Oh! ciel! oh! double ciel!

ISABELLE.

Cessez un moment de jurer, et laissez-moi vous défiler le reste de mon chapelet, seigneur. D'un côté, je ne vous aime pas, puisque je vous exécre, et, d'un autre côté, je suis amoureuse à la fureur d'un gentilhomme de bonne maison.

GILLE.

Et quel est le nom de mon affreux rival?

ISABELLE.

M. Léandre.

GILLE.

Je le connais, à telles enseignes que je lui ai donné des soufflets qu'il ne m'a jamais rendus.

ISABELLE, *souffletant Gille.*

Eh bien! je vous les rends pour lui, moi; vous pouvez lui donner quittance.

GILLE, *se redressant.*

Jarnombille! mademoiselle Zirza, savez-vous que je ne me laisse pas marcher sur le pied.

ISABELLE.

Vous avez donc un œil de perdrix?

GILLE.

Non; mais c'est une façon de dire.

ISABELLE.

Oh! ne faites pas de façons avec moi. Je vous disais donc avant le soufflet, et je vous le répète après coup, que j'aime avec passion M. Léandre. Nous avons commencé à nous faire l'amour vers la mi-août.

GILLE.

Mais c'est une chatte que cette fille-là. Et de quelle année, la mi-août?

ISABELLE.

1820 ; vous voyez que ça ne date pas d'hier. Défaites donc notre mariage, ne fût-ce que par générosité.

GILLE.

Ah! ouiche, je suis trop amoureux de vous pour cela.

ISABELLE.

Eh bien! à votre guise, alors; et je n'ai qu'un mot à vous répondre, c'est que si vous m'épousez, foi d'honnête fille, je vous ferai cornard; tant pis! mais c'est vous qui m'avez forcé de lâcher ce mot malséant, mais je m'en flûte, paroles ne puent pas. (*Elle sort.*)

SCÈNE IV.

GILLE, *seul*.

Qui pourrait jamais croire que cette fille-là est la propre fille... quand je dis propre !... de l'honorable vieillard qui s'avance. Représentons-lui nos compliments respectueux.

SCÈNE V.

CASSANDRE, GILLE.

CASSANDRE.

Eh bien ! Gille ?

GILLE.

Eh bien ! monsieur ?

CASSANDRE.

Que dis-tu de mon fruit ?

GILLE.

A parler franchement, je le crois un peu mûr.

CASSANDRE.

Mûr ?

GILLE.

Pour ne pas dire gâté.

CASSANDRE.

Que signifie cela, monsieur Gille?

GILLE.

J'en suis pour ce que j'ai dit.

CASSANDRE.

Oserais-tu calomnier la vertu même?

GILLE.

Connaissez-vous un certain Léandre?

CASSANDRE.

Certainement que je le connais.

GILLE.

Eh bien ! il a cultivé, à ce qu'il paraît, votre fruit avant moi.

CASSANDRE.

Je sais cela. Mais, comme c'est un propre à rien, je l'ai envoyé très loin, et il y a été.

GILLE.

C'est-à-dire qu'il vous a fait croire qu'il y allait.

CASSANDRE.

N'importe ! tu es l'homme que j'ai rêvé, et il faut que tu épouses ma fille.

GILLE.

Je ne demande pas mieux.

CASSANDRE.

Jure-moi donc de l'épouser! et je te jure, moi, par les cinq cents diables et par leurs mille cornes, de ne la donner qu'à toi seul au monde, directement ou indirectement.

GILLE.

Je vais jurer comme un charretier. Ah! démon! ah! fichtre! ah! bigre! sabre de bois! nom d'un pistolet! je vous promets de ne jamais épouser d'autre personne de quelque sexe que ce soit, que mademoiselle Zirzabelle, votre fille putative.

CASSANDRE.

Bien juré! corbleu! morbleu! sacrebleu! Ton serment m'a fait venir la chair de poule. Je te jure donc, à mon tour, que ma fille Zirzabelle ne sera jamais directement ou indirectement la femme d'un autre que toi. Je vais l'appeler de nouveau et lui dicter mes dernières volontés.

GILLE.

Vous allez donc décéder, beau-père?

CASSANDRE.

Je veux dire ma volonté suprême. — *Apercevant le facteur.* — Eh! eh! qui nous arrive là?

GILLE, *se bouchant le nez.*

Ce n'est pas le parfumeur, dans tous les cas.

CASSANDRE.

Non, c'est le facteur.

SCÈNE VI.

LES MÊMES, LE FACTEUR, *entrant*.

LE FACTEUR, *le nez en l'air*.

Eh! monsieur Cassandre?

GILLE.

Cet homme a l'air de vous chercher.

CASSANDRE.

Tu crois?

LE FACTEUR, *toujours regardant en l'air*.

Eh! monsieur Cassandre!

GILLE.

Vous voyez bien, puisqu'il vous appelle.

LE FACTEUR, *toujours regardant en l'air.*

Eh ! monsieur Cassandre !

CASSANDRE.

Vous appelez M. Cassandre? mon ami.

LE FACTEUR.

La peste! si vous en doutez, c'est que vous êtes sourd.

CASSANDRE.

La peste vous-même! c'est moi.

LE FACTEUR.

La peste !

CASSANDRE.

Le drôle ne me comprend pas, non ; c'est moi qui suis M. Cassandre.

LE FACTEUR.

Impossible.

CASSANDRE.

Pourquoi cela ?

LE FACTEUR.

Parce qu'il y a sur la lettre : Monsieur Cassandre, rue de la Lune.

CASSANDRE.

Eh bien ! ne sommes-nous pas rue de la Lune ?

LE FACTEUR.

Mais il y a rue de la Lune, au cinquième, et vous êtes dans la rue.

CASSANDRE.

Ça ne fait rien, je suis M. Cassandre, rue de la Lune, au cinquième, ici présent dans la rue.

LE FACTEUR.

Vous ne serez M. Cassandre que lorsque vous serez au cinquième.

CASSANDRE.

Alors je vais y monter ; restez là pour voir si j'y suis.

LE FACTEUR.

C'est bien.

CASSANDRE, *sortant.*

Ce drôle ne me comprend pas. (*Il sort.*)

SCÈNE VII.

LE FACTEUR, GILLE.

LE FACTEUR.

Mon ami, ne connaîtriez-vous pas dans le quartier un nommé Gille?

GILLE.

Oui, un beau garçon, l'air noble, la figure distinguée.

LE FACTEUR.

C'est possible.

GILLE.

Le voilà.

LE FACTEUR.

Où?

GILLE.

Devant vos yeux.

LE FACTEUR.

Ouais !

GILLE.

Plaît-il ?

LE FACTEUR.

C'est vous qui vous nommez Gille ?

GILLE.

Vous en doutez ?

LE FACTEUR.

Au portrait que vous en faites.

GILLE.

Par bonheur, j'ai sur moi mes états de service.

LE FACTEUR.

A quoi bon vos états de service ?

GILLE.

Mon signalement y est.

LE FACTEUR.

Voyons le signalement.

GILLE, *tirant un papier de sa poche et lisant.*

Port de Toulon. Hum... hum... Moi, soussigné, argousin en chef, hum... cer-

tifie, hum... hum... que le nommé Gille —
c'est cela, âgé de vingt-deux ans...

LE FACTEUR.

Bien.

GILLE.

Taille de cinq pieds un pouce.

LE FACTEUR.

Bien.

GILLE.

Nez en trompette.

LE FACTEUR.

Bien.

GILLE.

Teint blême.

LE FACTEUR.

Très bien !

GILLE.

Cheveux moutarde.

LE FACTEUR.

C'est cela. Allons, vous êtes bien Gille.

CASSANDRE, *au cinquième.*

Eh ! facteur.

LE FACTEUR.

On y va. (*A Gille.*) Donnez-moi dix sous.

GILLE.

Dix sous, pourquoi faire ?

LE FACTEUR.

C'est le prix de votre lettre.

GILLE.

Le prix de ma lettre! Comment, il faut que je paie parce que l'on m'écrit?

LE FACTEUR.

Sans doute.

GILLE.

Mais il me semble que c'est celui qui a l'honneur de m'écrire qui devrait payer.

CASSANDRE, *à la fenêtre du cinquième.*

Eh! facteur!

LE FACTEUR.

On y va. *(A Gille.)* Allons, allongez vos cinquante centimes.

GILLE.

Je m'en défie de votre lettre.

LE FACTEUR.

Comment! vous vous en défiez.

GILLE.

On a vu des machines infernales cachées dans des lettres.

LE FACTEUR.

Vous refusez une lettre chargée?

GILLE.

Je crois bien, raison de plus pour qu'elle parte, si elle est chargée.

LE FACTEUR.

Vous comprenez, tant pis pour vous, ce sont des nouvelles d'argent.

GILLE.

Comment, une lettre chargée, cela veut dire nouvelles d'argent ?

LE FACTEUR.

Oui.

GILLE.

Je croyais que c'était le huit de trèfle qui signifiait argent.

CASSANDRE, *à sa fenêtre.*

Eh! facteur!

LE FACTEUR.

Oui.

GILLE.

Tenez, voilà vos cinquante centimes.

LE FACTEUR.

Merci.

GILLE.

Comment! elle a huit jours de date, votre lettre.

LE FACTEUR.

Huit jours pour venir de Pantin, ça n'est pas trop.

GILLE.

Mais il y a dessus pressée.

LE FACTEUR.

C'est celui qui l'écrit qui est pressé, jamais celui qui la porte.

GILLE.

C'est bien, retire-toi, car ta boîte dégage des miasmes fétides.

LE FACTEUR.

C'est qu'elle renferme un cervelas à l'ail, que j'y ai introduit pour mon déjeûner.

CASSANDRE, *une longue ficelle à la main.*

Eh! facteur!

LE FACTEUR, *allant au-dessous de la fenêtre.*

Me voilà!

CASSANDRE.

Eh bien, suis-je bien monsieur Cassandre, rue de la Lune, au cinquième, maintenant?

LE FACTEUR.

Je ne dis pas non.

CASSANDRE.

Envoyez-moi ma lettre, alors.

LE FACTEUR.

Et vous, d'abord, envoyez-moi trois sous.

CASSANDRE.

Les voilà. (*Il les lui jette.*)

LE FACTEUR.

Merci. (*Il attache la lettre au bout de la ficelle.*) Tirez!

CASSANDRE.

Bien. (*Il tire. La fenêtre du premier s'ouvre,*

une main passe et prend la lettre.) Eh ! facteur !

LE FACTEUR.

Eh bien ?

CASSANDRE.

Vous ne voyez pas ?

LE FACTEUR.

Si fait.

CASSANDRE.

On me vole ma lettre.

LE FACTEUR.

Votre lettre volait bien, elle ; un voleur qui en vole un autre, le diable n'en fait que rire. (*Il s'en va.*)

CASSANDRE.

Le drôle ne me comprend pas. Je descends au premier et réclame ma lettre.

(*Il referme la fenêtre. — Gille seul en scène.*)

SCÈNE VIII.

GILLE, *seul.*

Ah! maintenant que me voilà seul, étudions en paix ce que l'on m'annonce dans cette épître.

Il ouvre la lettre et lit :

« J'ai l'honneur de vous annoncer que la santé de Benjamin, votre troisième petit-fils, est entièrement rétablie. Il se porte maintenant comme l'arbre appelé *charme*. Je ne saurais mieux vous exprimer ma pensée. »

(*S'interrompant.*)

C'est particulier; je ne croyais pas avoir jamais été père de ma vie; comment se fait-il que je sois grand-papa?

N'importe; ceci s'éclaircira peut-être; continuons.

« Ne serait-il pas temps de donner enfin votre consentement à un mariage accompli depuis sept ans à votre insu? Je dois vous l'avouer, dût cet aveu faire tomber vos cheveux blancs: »

Bon ! voilà que j'ai des cheveux blancs, à présent. Bleus, verts, noirs, jaunes ou rouges, de toutes les nuances qu'il voudra; mais blancs, je proteste.

Ne nous décourageons pas.

Continuons.

« N'est-il pas déplorable, quand vous savez mademoiselle votre fille mère de trois enfants, que vous songiez à la marier à cet imbécille de Gille! »

De qui parle-t-il donc ?

« J'attends votre réponse, vous annonçant que je viens de faire un petit héritage de deux cents livres de rente, qui nous permet de vivre, Zirzabelle et moi, côte à côte, dans une modeste aisance.

» Répondez-moi courrier par courrier

Votre tout dévoué.

» LÉANDRE. »

GILLE, *réfléchissant.*

Mais non, mais non ; il n'est pas possible, si j'étais réellement le père de ma fille, et que conséquemment je fusse le grand-père de ses trois jeunes enfants, il n'est pas possible que je songeasse à la marier à un autre qu'au père de ces trois infortunés.

De quel droit donc ce Léandre se permet-il de dire que je suis père, et, du moment qu'il le dit, de quel droit met-il en doute ma tendresse paternelle ?

Réfléchissant et se frappant le front.

Mais je songe à une chose : si le facteur m'avait donné une lettre qui ne me fût pas adressée ?

Il regarde l'enveloppe.

Jarnombille ! la dépêche n'était pas pour moi.

« A M. Cassandre, rue de la Lune, au cinquième étage. »

A M. Cassandre ! Ah ! ah ! Ainsi, ce vieux Pandour voulait me faire épouser sa chaste fille, mère de trois enfants, dont le dernier s'appelle Benjamin !

Mais ce vieillard est tout simplement un escroc.

Le voilà. Ne laissons rien transpirer de notre indignation, et voyons, en l'interrogeant, jusqu'où il poussera la fourberie.

SCÈNE IX

GILLE, CASSANDRE.

CASSANDRE *sort, lisant.*

« J'ai l'honneur de vous faire part de la perte douloureuse que vous venez de faire dans la personne d'Aménaïde Lamponisse, votre tante bien-aimée, morte hier, à l'âge de soixante-seize ans. »

(*S'interrompant.*)

C'est particulier ! je n'ai jamais eu de tante, comment se fait-il qu'elle soit morte et à la fleur de l'âge.

Enfin, il se passe des choses si extraordinaires.

Continuons :

« Je vous annonce en même temps qu'il ne faut pas compter sur les cent cinquante livres de rente de votre susdite tante ; elle a trouvé plaisant de vous déshériter au

profit du maître clerc d'un charcutier de
Sainte-Menehould. »

C'est extraordinaire, il paraît que cette
tante, que je n'ai jamais eue et que cependant j'avais, m'a déshérité au profit de...
Quel pied de nez.

Ne nous décourageons pas.

« Il va cependant sans dire, que s'il vous
était plus agréable de payer les dettes de
mademoiselle votre tante, qui se montent
à la faible somme de cent cinquante mille
livres quinze sous dix deniers, le maître
clerc du charcutier de Sainte-Ménéhould,
vous laisserait jouir sans discussion des

cent cinquante livres de rente dont il hérite en votre lieu et place.

» Veuillez donc, au reçu de la présente, m'envoyer votre acquiescement ou votre désistement.

» Votre dévoué serviteur,

» Boudin de la Marne.

» A Sainte-Ménéhould, San-Giacomo-street, ancien n° 9, maintenant 11. »

Je ne comprends pas bien, ancien numéro 9, — oui, autrement dit, le vieux numéro est le 9, et le neuf est maintenant le 11.

Ah! ça, mais, qu'est-ce que me chante

donc ce notaire-là? j'hérite et je n'hérite pas, le numéro vieux est un numéro neuf, et le numéro neuf est un vieux numéro; où peut-il prendre tout ce qu'il dit, et de quel droit se permet-il de traiter un bourgeois de Paris à la façon de Sainte-Ménéhould. Certainement, je ne manquerai pas de lui répondre, quoique sa familiarité ne mérite que mon mépris.

(*Réfléchissant.*)

Mais, je songe à une chose; si le facteur m'avait donné une lettre qui ne me fût pas adressée?

(*Il regarde l'adresse.*)

« A monsieur Gille, boulevart du Temple, sous la grande aiguille du Cadran-Bleu. »

Ainsi, le drôle s'était flatté d'une rente viagère qu'il ne devait jamais posséder.

Mais ce drôle est un intrigant de haute futaie !

Contenons-nous cependant, et adressons-lui quelques questions adroites, pour savoir jusqu'où il poussera la dissimulation.
(*A Gille, qui attend qu'il ait fini.*)

Eh bien, cher Gille ?

GILLE.

Eh bien, cher beau-père ?

CASSANDRE.

Es-tu content des nouvelles qu'on te

mande dans la lettre que tu viens de revoir?

GILLE.

Vous annonce-t-on quelque heureux événement dans la dépêche qui vient de vous être remise?

CASSANDRE.

Oui, je suis assez satisfait.

GILLE.

Ah! tant mieux, et que vous mande-t-on?

CASSANDRE.

On me mande de Vaugirard que la récolte du vin sera belle, car il pleut depuis huit jours; il paraît que la terre avait besoin d'eau.

GILLE.

C'est étonnant, on me mande la même chose de Montmartre; il paraît que la récolte des pommes de terre sera bonne, parce qu'il fait sec depuis huit jours; il paraît que la terre avait besoin de soleil.

CASSANDRE.

Gille?

GILLE.

Monsieur?

CASSANDRE.

Peux-tu m'expliquer ce phénomène atmosphérique? Comment se fait-il que le soleil, favorable aux côteaux de Montmartre, soit hostile aux plaines de Vaugirard?

GILLE.

Rien de plus simple, monsieur; c'est que Vaugirard est au midi, et que Montmartre est au nord. Les plaines de Vaugirard, desséchées par le soleil tropical, ont besoin d'humidité pour être fertiles; tandis que les plateaux neigeux qui avoisinent le pic de Montmartre, ont besoin de soleil pour être féconds. Tout est logique dans la nature.

CASSANDRE.

Ordre admirable!

GILLE.

Vaste univers!

CASSANDRE.

Bonté divine!

GILLE.

Mystère profond!

CASSANDRE.

Tout se coordonne.

GILLE.

Tout s'enchaîne.

CASSANDRE.

Harmonie merveilleuse!

GILLE.

Création sublime!

CASSANDRE.

Lis *Tales*...

GILLE.

Talis pater, tales filius!

CASSANDRE.

Lisez Eudoxe.

GILLE.

Oui, mais parlons d'autre chose.

CASSANDRE.

De quoi veux-tu parler, Gille?

GILLE.

Parlons de vous, beau-père?

CASSANDRE.

Parlons de toi, mon gendre. Es-tu bien sûr d'hériter de ta tante Aménaïde Lamponisse?

GILLE.

Tiens, vous connaissez le grand nom de ma petite tante? Non, je veux dire le petit nom de ma grande tante?

CASSANDRE.

Oui, je le sais.

GILLE.

Et comment le savez-vous?

CASSANDRE, *solennellement*.

Je te le dirai dans une couple de minutes, mais réponds préalablement à ma question. Tu comptes sur cent cinquante livres de rente?

GILLE.

Et vous, beau-père, vous comptez me faire épouser votre chaste fille.

CASSANDRE.

Douterais-tu de la chasteté de mon unique enfant?

GILLE.

Peste! je suis loin d'en douter.

CASSANDRE.

Ce qui signifie?

GILLE.

Que je sais tout, vieux drôle.

CASSANDRE.

Eh bien, moi aussi, jeune intrigant, je sais tout.

GILLE.

Comment le savez-vous?

CASSANDRE.

Il ne s'agit point ici de jouer à la clignemusette, votre tante Lamponisse vous a complétement dépouillé.

GILLE.

Votre fille Zirzabelle est mère de trois garçons mâles, dont le plus jeune, M. Benjamin, va beaucoup mieux.

CASSANDRE.

Il va mieux?

GILLE.

Beaucoup mieux, monsieur, et je suis heureux de vous en apprendre la nouvelle.

CASSANDRE.

Qui t'a appris le rétablissement de mon petit-fils?

GILLE.

Cette lettre. Qui vous a appris le décès de ma tante Aménaïde?

CASSANDRE.

Cette lettre.

GILLE.

Rendez-moi la mienne, et je vous rendrai la vôtre.

CASSANDRE.

C'est trop juste, la voici.

GILLE.

La voilà.

(*Chacun d'eux échange sa lettre et lit.*)

A ce moment de la parade, comme si l'on eût été à la fin d'un quatrième acte plein d'intérêt, il se fit un tel silence dans la foule, que l'on entendait à peine la respiration des spectateurs.

On touchait au dénoûment, et les personnages à manteaux que nous avons vus arriver les derniers, les yeux fixés sur le pitre, semblaient attendre ce dénoûment avec la plus vive impatience.

Pendant ce temps, les deux personnages lisaient en se jetant l'un à l'autre des regards furibonds.

Les lettres lues, Cassandre reprit :

CASSANDRE.

As-tu fini de lire?

GILLE.

Oui, monsieur, zet vous?

CASSANDRE.

Moi zaussi.

GILLE.

Alors vous devez vous expliquer pourquoi je ne serai jamais votre gendre.

CASSANDRE.

Alors tu dois t'expliquer pourquoi je ne continue pas à t'offrir la main de ma fille.

GILLE.

Alors vous devenez un père sérieux, et

je n'ai plus aucun motif de ne pas rester à votre service.

CASSANDRE.

Oui, mais comme je compte me retirer sous les lambris de mon gendre, et puisqu'il a déjà un domestique, tu comprends que je ne puis pas lui en conduire un second. Je ne te chasse donc pas, Gille, seulement je te renvoie.

GILLE.

Sans me rien donner ?

CASSANDRE.

Veux-tu une larme de regret ?

GILLE.

Quand on renvoie les gens, monsieur, on les renvoie avec quelque chose.

CASSANDRE.

Aussi je te renvoie avec tous les égards dus à ton rang.

GILLE.

Et vous n'avez pas honte de m'avoir fait perdre une partie de ma journée à écouter vos bêtises, vieux Pennard.

CASSANDRE.

Tu as raison, Gille, et ce mot de Pennard me rappelle un proverbe.

GILLE.

Lequel, monsieur?

CASSANDRE.

C'est que toute peine mérite salaire.

(Il met la main à sa poche, Gille tend la main.)

GILLE.

A la bonne heure.

CASSANDRE.

As-tu de la monnaie, Gille?

GILLE.

Non, monsieur.

CASSANDRE *lui allongeant un coup de pied au derrière.*

Alors, garde tout.

La parade devait finir là, et déjà Cassandre saluait le public, lorsque Gille, qui semblait méditer une grande résolution, en voyant Cassandre incliné, prit tout à coup son parti et répondit en allongeant à

Cassandre un coup de pied qui l'envoya au milieu des spectateurs.

— Ma foi, non, monsieur, les bons comptes font les bons amis.

Cassandre, au comble de l'étonnement, se releva et chercha Gille des yeux, mais Gille avait déjà disparu.

En ce moment il se fit un grand mouvement dans la foule, les hommes à manteaux se murmurèrent à l'oreille les uns des autres.

— Il le lui a rendu, il le lui a rendu, il le lui a rendu.

Puis, sortant de la foule, ils passèrent près de différents groupes en disant :

— C'est pour ce soir.

Et le mot c'est pour ce soir circula comme un murmure presque inintelligible tout le long du boulevart.

Puis, on vit les hommes à manteaux entrant, les uns dans la rue du Temple, les autres dans la rue Saint-Martin, ceux-ci dans la rue Saint-Denis, ceux-là dans la rue Poissonnière, tous enfin se dirigeant du côté de la Seine par différents chemins, mais comme des hommes qui ne doivent point tarder à se retrouver dans le même endroit.

VI

La maison mystérieuse.

Un homme qui n'aurait eu rien de mieux à faire que d'observer ce qui se passait dans la rue des Postes de huit à neuf heures du soir, c'est-à-dire deux heures après la représentation que nous avons peut-être eu le tort de raconter trop longuement à nos lecteurs, n'aurait certes pas perdu son temps, pour peu qu'il fût amateur d'aventures nocturnes et fantastiques.

Comme nous supposons que le lecteur, du moment où il s'attache à nous, n'est point ennemi de ces mêmes aventures, nous allons le prier de nous accompagner sur le lieu où nous transportons notre chambre noire, et nous allons faire défiler devant lui une foule de personnages non moins mystérieux que les ombres chinoises des lanternes magiques.

Le théâtre, nous l'avons dit, est situé

rue des Postes, tout près de l'impasse des Vignes, à quelques pas du *Puits-qui-Parle*.

Le décor représente une petite maison à un seul étage, avec une seule porte et une seule fenêtre donnant sur la rue.

Peut-être avait-elle d'autres portes et d'autres fenêtres, mais ces portes et ces fenêtres donnaient sans doute sur une cour ou sur un jardin.

Il était huit heures et demie du soir, et les étoiles, ces violettes de la nuit, célébraient, en reparaissant aux regards des hommes plus brillantes que jamais, comme les violettes, ces étoiles du jour, les premières heures du printemps.

C'était, en vérité, une belle nuit claire et lumineuse, sereine et douce comme une nuit d'été, une nuit de printemps aussi, une nuit de poète ou d'amoureux.

On éprouvait une sorte de volupté à se promener par cette première nuit attiédie, et c'était sans doute pour s'abandonner à ce sentiment plein tout à la fois de voluptés idéales et sensuelles qu'un homme enveloppé dans une grande redingote brune se promenait depuis une heure environ du haut en bas de la rue des Postes, s'effaçant dans l'angle des maisons ou dans les rentrants des portes lorsque quelqu'un venait à passer.

Pourtant, en y songeant bien, on s'expliquait difficilement que cet amant de la nature eût choisi pour se réjouir des premières brises printanières une rue aussi déserte et surtout aussi boueuse que l'était à cette époque la rue des Postes ; car, bien qu'il n'eût pas plu depuis une semaine, la rue des Postes, comme ces rues dont il est parlé dans le livre intitulé *Naples sans Soleil*, semble avoir obtenu, sans doute par l'intercession des Jésuites qui l'habitaient et qui l'habitent encore, le privilége d'une ombre éternelle et d'une tutélaire obscurité.

En passant devant la maison que nous avons décrite, le personnage s'arrêta un espace de temps inappréciable, mais suffisant sans doute à l'observation qu'il voulait faire ; car, retournant en arrière, c'est-à-dire du côté du collége Rollin, il alla droit devant lui et rencontra un second individu, amateur, sans doute comme lui, des beautés nocturnes de la nature, et lui dit ce seul mot :

— Rien.

L'individu auquel ce monosyllabe venait d'être adressé remonta la rue des Postes, tandis que son interlocuteur la descendait.

Puis ce second personnage, après avoir

fait le même manége que le premier, c'est-
à-dire après avoir jeté un rapide coup
d'œil sur la maison, remonta quelques pas
devant lui, entra dans la rue du Puits-qui-
Parle, et rencontra là un troisième amateur de la nature, qui semblait se promener aussi innocemment que lui et son
compagnon ; il lui adressa à demi-voix ce
même monosyllabe qui venait de lui être
adressé :

— Rien.

Et il continua sa route, tandis que le
troisième individu, le croisant et passant
devant lui, s'achemina vers la maison, la
regarda comme avaient fait les deux au-

tres, et remonta la rue des Postes jusqu'à la pointe de la rue d'Ulm, et là, se trouvant face à face avec un quatrième personnage, il lui répéta le mot que nous avons déjà entendu deux fois :

— Rien.

Et ce quatrième personnage, à son tour, passant devant le troisième, descendit la rue des Postes, passa devant la maison, la regarda comme avaient fait ses devanciers, et continua de descendre la rue des Postes jusqu'au collége Rollin, où il rencontra le premier amant de la nature, que nous avons fait remarquer à nos lecteurs, se promenant vêtu d'une redingote brune.

Après lui avoir dit le même mot que nous jugeons inutile de répéter, il passa devant lui, et le premier personnage, l'homme à la redingote brune, celui qui semblait l'auteur du monosyllabe mystérieux, celui-là continua pendant une demi-heure le même manége, jusqu'au moment où, apercevant deux hommes ensemble, il descendit la rue des Postes en sifflant la cavatine de *Joconde : J'ai longtemps parcouru le monde.*

L'air était fort à la mode à cette époque-là ; aussi fut-il répété successivement, mais à demi-voix toujours, par les quatre individus qui s'étaient successivement redit les uns aux autres le mot BIEN.

Quant aux deux hommes qui avaient donné naissance à ce nocturne à cinq voix, ils s'arrêtèrent, comme tous ceux que nous avons vus passer jusque-là, devant la petite maison; seulement, différant en cela des autres, ils firent une longue station devant la porte, en causant si bas que l'homme à la redingote brune, qui passa sans affectation près d'eux en continuant de gazouiller sa cavatine, ne put surprendre une seule syllabe de ce qu'ils disaient.

Au bout de dix minutes, trois autres personnages, suivis d'un quatrième, enveloppés tous quatre de manteaux bruns, vinrent accoster les deux individus qui stationnaient devant la maison.

Le plus grand des deux premiers venus prit tour à tour la main des trois nouveaux venus, puis, prononçant à l'oreille de chacun d'eux la première moitié du mot samaritain *Lamma*, dont chacun dit la seconde, il tira une petite clé de sa poche, la mit dans la serrure, entr'ouvrit doucement la porte, fit entrer les cinq compagnons, regarda tout autour de lui et entra lui-même à son tour.

Il fermait la porte en dedans au moment où le premier et le second promeneur reparurent chacun à un bout de la rue, et, marchant du même pas, se rencontrèrent devant la maison, et échangèrent ce nouveau monosyllabe.

— Six.

Après quoi ils tirèrent chacun de son côté, allant répéter le mot Six aux autres amateurs de la nature, qui avaient déjà entendu et répété le mot : Rien.

Ils n'avaient pas fait vingt pas dans la rue, l'un remontant, l'autre descendant, qu'ils rencontrèrent, celui qui descendait, un individu, et celui qui remontait, trois personnages, qui, quoique venant de deux côtés, s'arrêtèrent en se rejoignant devant la maison mystérieuse.

Quand les quatre nouveaux arrivés furent entrés dans la maison comme les six autres, deux promeneurs se mirent de nouveau en mouvement, se rencontrèrent et échangèrent ce nouveau monosyllabe :

— Dix.

Enfin, pendant deux heures, c'est-à-dire de huit heures et demie à dix heures et demie, les cinq laconiques promeneurs virent entrer dans la maison soixante individus par groupes de deux, de quatre, de trois, de cinq, mais jamais de plus de six.

Il était onze heures moins un quart, lorsque le dilettante qui avait fredonné la cavatine de *Joconde* fredonna pour la seconde fois, mais cette fois le grand air du *Déserteur* :

Ah! je respire, enfin, je puis reprendre haleine.

L'Elleviou en était à peine à son quatrième vers, qu'il vit venir à lui, des deux côtés de la rue des Postes, de l'impasse des Vignes et de la rue du Puits-qui-Parle, sept autres individus qui, interrogés chacun à son tour, répondirent sans hésiter à cette question :

— Combien étaient-ils ?

— Soixante.

— C'est bien cela, répondit le dilettante.

Puis, comme un général d'armée qui donne ses ordres :

— Attention, vous autres, dit-il.

Ceux à qui cette recommandation était adressée se pressèrent sans répondre.

Il continua.

— Que Papillon aille se poster derrière la maison ; que Carmagnole garde l'aile droite ; que Vol-au-Vent garde l'aile gauche. Longue-Avoine et ses autres compagnons resteront près de moi. Vous avez bien exploré les terrains environnants, n'est-ce pas?

— Oui, fut-il répondu d'une commune voix.

— Vous êtes bien armés?

— Bien armés.

— Pas fainéants?

— Pas *feignants.*

— Tu sais ce que tu as à faire, Carmagnole?

— Oui, répondit une voix provençale.

— Tu as les instructions, Vol-au-Vent?

— Oui, répondit une voix normande.

— Tu as ta pioche, Carmagnole?

— Je l'ai.

— Tu as tes crampons, Vol-au-Vent?

— Je les ai.

— Alors, débarrassons le pavé du roi; à la besogne, et vivement.

Les trois individus désignés sous le nom de Papillon, de Carmagnole et de Vol-au-Vent disparurent avec une vitesse qui prouvait que si Vol-au-Vent et Papillon étaient dignes de leur sobriquet, et que si Carmagnole n'en prenait pas un analogue au leur, c'est qu'il avait l'orgueil de son nom de famille.

— Maintenant, Longue-Avoine, dit le commandant de la petite escouade, promenons-nous comme de bons bourgeois et causons comme de bons amis.

Puis ayant pris une prise de tabac dans une tabatière rococo, ayant essuyé le verre de ses lunettes avec son foulard, les ayant délicatement reposées sur son nez, l'amant de la nature, le dilettante, l'homme qui voulait causer comme un bon bourgeois, enfonça ses deux mains dans les poches de sa castorine, et se mit en marche avec sa patrouille.

La promenade ne fut pas longue. Le chef d'escouade entra dans la rue du Puits-qui-Parle, se plaça de façon à ne point perdre de vue la maison mystérieuse, fit signe à ses acolytes de se dissimuler dans les profondeurs de la rue, de manière cependant à demeurer à sa portée, ne retenant près de lui qu'un seul de ses compagnons, grand argousin long, maigre, efflanqué, blême, aux yeux louches, une vraie carcasse de putois, surmontée d'une tête de Basile.

— Là, maintenant, dit-il, à nous deux, Longue-Avoine.

— A vos ordres, monsieur Jackal, répondit l'agent.

VII

La Barbette.

— Voyons, c'est toi qui as découvert le pot aux roses, continua M. Jackal, il est donc juste que je m'adresse à toi pour en respirer tout le parfum. Comment as-tu flairé cette aventure ? Sois bref.

— Voici la chose, monsieur Jackal. Vous savez que j'ai toujours eu des principes religieux.

— Non, je ne le savais pas.

— Oh! monsieur, j'ai donc perdu mon temps, alors?

— Non, puisque tu as découvert quelque chose; quoi? je n'en sais encore rien; mais enfin, il est évident que soixante personnes ne se réunissent pas rue des Postes et n'entrent pas toutes dans la même maison pour enfiler des perles!

— Je serais cependant bien désespéré

que vous ne crussiez pas à mes principes religieux, monsieur l'inspecteur.

— Va-t'en au diable, avec tes principes religieux.

— Cependant, monsieur Jackal.

— Et qu'ont à faire tes principes religieux, je te le demande, avec l'affaire qui nous occupe?

Et M. Jackal leva ses lunettes pour regarder son interlocuteur entre les deux yeux.

— Dame, monsieur Jackal, reprit Lon-

gue-Avoine, c'est que ce sont mes principes
religieux qui m'ont mis sur la voie de cette
affaire.

— Eh bien, voyons, dis un mot de tes
principes ; mais, s'il est possible, n'en dis
pas deux.

— Vous saurez d'abord, monsieur Jackal, que je tâche, autant que possible, de
n'avoir que de bonnes connaissances.

— C'est difficile dans l'état que tu exerces ; mais passons.

— Je me suis donc lié d'amitié avec une

loueuse de chaises de Saint-Jacques-du-Haut-Pas.

— Par religion, toujours ?

— Par religion, oui, monsieur Jackal.

M. Jackal se bourra le nez de tabac, avec la rage d'un homme obligé, par sa position, de faire semblant de croire à des choses auxquelles il ne croit pas.

— Or, cette loueuse de chaises demeure impasse des Vignes, dans la maison justement où vient d'entrer Carmagnole.

— Au premier, je sais cela.

— Ah! vous savez cela, monsieur Jackal?

— Cela et bien autre chose. Tu dis donc que la Barbette occupe une chambre du premier?

— Vous savez le nom de ma loueuse de chaises, monsieur Jackal?

— Je sais le nom de toutes les loueuses de chaises de Paris, qu'elles louent des chaises au boulevard de Gand, aux Champs-Élysées ou dans les églises. Va toujours.

— Eh bien, un jour, ou plutôt une nuit qu'elle était en train de réciter ses prières, elle entendit, derrière le mur de son alcôve, comme venant de la maison à côté, un bruit de voix confuses et de pas pressés. Ce bruit dura de huit heures et demie à dix heures et demie, et quand j'arrivai vers onze heures, elle me dit qu'il lui semblait avoir entendu, de l'autre côté de la muraille, manœuvrer un régiment tout entier. Je n'en voulus rien croire, attribuant ce récit à une de ces rêveries extatiques auxquelles elle est sujette à certains jours de l'année.

— Passons, passons, fit dédaigneusement M. Jackal.

— Mais un soir, continua Longue-

Avoine., il fallut bien me rendre à l'évidence.

— Voyons cela.

— J'étais venu plus tôt que d'habitude, n'étant point de service ce jour-là, et je disais mes prières avec elle, lorsque j'entendis ce bruit étrange qu'elle caractérisait assez justement, en le comparant à une manœuvre de régiment. Alors, sans lui rien dire, nos prières terminées, je descendis pour inspecter la maison dont le mur était mitoyen avec celui de la chambre de la Barbette. Je regardai à la fenêtre, pas trace de lumière; je collai mon oreille à la porte, pas soupçon de bruit; je revins le lendemain m'embusquer justement où nous sommes, j'y restai de huit à dix heures, je n'y vis rien. Je revins le lendemain, rien encore; rien le surlendemain; le quatrième soir, rien toujours. Enfin, quinze jours après, et il y a aujourd'hui quinze jours, je vis entrer, comme j'ai eu l'honneur de vous le dire, soixante hommes, par groupe de deux, quatre, six, et cela dans l'espace de deux heures environ; la représentation exacte, enfin, de ce que nous venons de voir.

— Et quelle est ton opinion sur cette aventure, Longue-Avoine?

— A moi?

— Oui. Il est impossible que tu n'aies pas une opinion, si fausse et si absurde qu'elle soit, sur ce qui se passe dans cette maison.

— Je vous jure, monsieur Jackal...

M. Jackal releva ses lunettes et regarda Longue-Avoine avec ses propres yeux.

— Voyons, Longue-Avoine, dit le chef de police, explique-moi pourquoi, la semaine passée, tu m'exposais ta découverte avec tant d'enthousiasme, et pourquoi, depuis trois jours, tu fais tant d'opposition à la poursuite, que c'est Carmagnole et non pas toi que j'ai chargé d'occuper la maison de la Barbette?

— Il faut donc tout vous dire, monsieur Jackal?

— Pourquoi donc crois-tu que le préfet de police te paie, maroufle?

— Eh bien, monsieur Jackal, c'est qu'il y a huit jours, je prenais nos hommes pour des conspirateurs.

— Tandis qu'aujourd'hui?

— Aujourd'hui, c'est autre chose.

— De sorte qu'aujourd'hui, tu crois?

— Je crois, sauf votre respect, que c'est une assemblée de révérends pères Jésuites.

— Et qui te fait croire cela?

— C'est que, d'abord, j'en ai entendu plusieurs jurer le saint nom de Dieu.

— Je crois que tu fais de l'esprit, Longue-Avoine.

— Dieu m'en préserve, monsieur Jackal.

— Voyons la seconde raison.

— La seconde raison, c'est qu'ils prononcent des mots latins.

— Tu n'es qu'un sot, Longue-Avoine.

— C'est possible, monsieur Jackal, mais pourquoi ne suis-je qu'un sot?

— Parce que les Jésuites n'ont pas besoin d'une maison secrète pour tenir leurs conciliabules.

— Et pourquoi donc, monsieur Jackal?

— Parce qu'ils ont les Tuileries, idiot !

— Mais enfin, quels peuvent être ces hommes ?

— Je pense que nous allons le savoir, car je vois venir Carmagnole.

Et en effet, le personnage désigné sous le nom de Carmagnole arrivait vers M. Jackal, sans que ses pas fissent plus de bruit sur le pavé, que si ses souliers avaient des semelles de velours.

C'était un petit homme maigre, au teint vert d'olive, aux yeux ardents, au parler gras, à l'accent provençal, un de ces êtres bizarres qu'on rencontre sur les bords de la Méditerrannée, et qui parlent toutes les langues, ne connaissant pas leur langue maternelle.

— Eh bien, Carmagnole, demanda M. Jackal, quelle nouvelle apportez?

— La nouvel' que j'apporte, répondit Carmagnole, fidèle à la riposte, en chantant à moitié l'air de *Malbrough*, c'est que le trou est fait; encore un dernier coup de pioche et l'on pourra entrer.

Longue-Avoine écoutait avec la plus vive attention, car, à son avis, c'était lui qui eût dû être chargé de cette expédition, dont le théâtre était la maison de la Barbette.

— Et le trou, demanda M. Jackal, est assez grand pour qu'un homme puisse y passer?

— Bon, je crois bien, dit Carmagnole, un trou grand comme une porte ; la loueuse de chaises et moi l'avons déjà appelé la porte Barbette.

— Ah! murmura Longue-Avoine, c'est dans sa chambre même ; quelle humiliation pour moi, je n'ai plus la confiance de mon chef.

— Et, demanda M. Jackal, vous avez fait cette percée sans bruit?

— J'entendais respirer les mouches.

— C'est bien; retourne chez la Barbette, ne bouge pas, et attends-moi.

Carmagnole disparut comme il était venu, c'est-à-dire rapide et silencieux comme une étoile filante.

Il était à peine rentré dans l'impasse des Vignes, qu'un sifflement aigu parut venir du toit même de la maison suspecte.

M. Jackal sortit de sa cachette, fit quelques pas dans la rue, et aperçut un homme à cheval sur l'arête du toit.

Il joignit les deux mains pour s'en faire un porte-voix, et demanda :

— Est-ce toi, Vol-au-Vent?

— Moi-même, en personne.

— Crois-tu pouvoir entrer?

— J'en suis sûr.

— Par où?

— Il y a une tabatière au toît ; je saute dans le grenier, et j'attends.

— Tu n'attendras pas longtemps.

— Combien de temps, à peu près ?

— Dix minutes.

— Va pour dix minutes ; quand l'église Saint-Jacques sonnera onze heures, je ferai le saut.

Et il disparut.

— Bon, dit M. Jackal ; Carmagnole les

surveille à gauche. Papillon par-derrière, Vol-au-Vent va pénétrer dans la maison elle-même. Je crois que c'est le moment d'entrer.

Et de l'endroit où il était, M. Jackal, enfonçant dans sa bouche le doigt du milieu de chacune de ses mains, fit entendre un coup de sifflet, auquel répondirent huit ou dix coups de sifflet semblables.

Puis, de toutes les rues affluentes à la rue des Postes, accoururent des hommes qui, réunis au premier noyau, atteignirent le nombre de quinze.

Quatre de ces hommes étaient armés de

gourdins qu'ils tenaient à la main, quatre autres avaient des pistolets à la ceinture, quatre autres tenaient des épées nues sous leurs manteaux, deux avaient des torches.

Ces quinze hommes se rangèrent dans l'ordre suivant :

Les deux porteurs de torches, tout prêts à allumer leurs fanaux, se placèrent l'un à droite, l'autre à gauche de M. Jackal; les huit hommes armés, placés deux par deux, venaient derrière lui; Longue-Avoine commandait les quatre qui formaient l'arrière-garde.

Ces préparatifs de siége ne se firent pas sans un peu de bruit.

Mais M. Jackal se retournant, et voyant chacun à son poste.

— Silence, maintenant, dit-il, et que ceux qui ont des sentiments religieux, comme Longue-Avoine, fassent leur prière s'ils ont peur.

Puis, à ces mots, tirant un casse-tête de sa poche, il s'approcha de la porte, et frappa trois coups avec un des pommeaux de plomb qui garnissait les deux extrémités, en disant :

— Ouvrez, au nom de la loi !

Puis il colla son oreille à la serrure.

Pas un souffle humain n'empêchait M. Jackal d'entendre le bruit de l'intérieur ; les quinze alguazils semblaient changés en quinze statues.

Mais rien ne troubla le silence qui succéda au retentissement de ces trois coups.

Au bout de cinq minutes d'auscultation inutile, M. Jackal releva la tête, frappa encore trois coups à égale distance, et répéta la formule sacramentelle :

— Ouvrez, au nom de la loi !

Et il colla de nouveau son oreille contre la porte.

Mais n'entendant rien, pas plus cette seconde fois que la première, il frappa une troisième fois.

Mais il n'obtint pas plus de réponse qu'à ses deux appels précédents.

— Allons, messieurs, dit-il, puisque l'on s'obstine à ne pas nous ouvrir, ouvrons nous-mêmes.

Et tirant une clé de sa poche, il l'introduisit dans la serrure qui céda à l'instant.

La porte s'ouvrit.

VIII

Partez, muscade.

Deux hommes restèrent dans la rue le pistolet au poing, tandis que M. Jackal, passant la main dans la double corde roulée autour de son casse-tête, poussait violemment la porte et entrait le premier.

Les deux porteurs de torches le suivirent, et le reste de l'escouade entra dans le même ordre que nous avons dit.

La pièce dans laquelle nous avons pénétré ainsi du premier coup, était une espèce d'antichambre de trois ou quatre mètres de longueur, et de six pieds de large environ. C'était, comme on le voit, un long couloir blanchi de haut en bas à la chaux, et aboutissant à une porte de chêne si épaisse et si solide, que les trois coups qu'y frappa M. Jackal ne retentirent pas plus que s'ils eussent été frappés sur un mur de granit.

Aussi, M. Jackal parut-il remplir la

triple formalité pour l'acquit de sa conscience ; puis, cette formalité remplie, il tenta à nouveau d'ébranler la porte, mais inutilement.

La porte était sourde, muette, insensible ; on eût dit la porte de l'enfer.

— Inutile, dit M. Jackal, il faudrait le bélier de Duillius ou les catapultes de Godefroy de Bouillon. Où sont les rossignols, Brin-d'Acier ?

Un homme s'avança, et remit à M. Jackal un trousseau de clés et de crochets.

Mais la porte ne se laissa pas plus crocheter qu'elle ne se laissa enfoncer.

Il était clair que la porte était barricadée en dedans.

Un moment M. Jackal crut que cette porte n'en était pas une, et qu'un artiste du plus grand talent avait tout simplement, dans un moment de caprice, peint une porte de chêne sur une muraille.

— Allumez les torches, dit M. Jackal.

On alluma toutes les torches ; c'était bien véritablement une porte.

Un autre eût poussé des exclamations ou eût fait une grimace de désappointement, ou tout au moins se fût gratté le nez ; mais les lèvres minces de M. Jackal ne remuèrent pas, son œil fauve ne changea point d'expression, son visage affecta au contraire la plus béate quiétude ; il rendit clés et rossignols à Brin-d'Acier, tira de la poche droite de son gilet sa tabatière, prit une prise de tabac qu'il sembla tamiser et raffiner entre le pouce et l'index, puis, la portant à son nez, il la huma avec volupté.

Il fut interrompu, au beau milieu de cette occupation, par un cri qui semblait poussé dans les combles de la maison, et par un bruit étrange qui retentit de l'autre côté de la porte.

On eût dit celui de la chute d'un corps tombant d'un cinquième étage, et celui d'un crâne éclatant sur une dalle.

Puis, rien ; aucun son perceptible, un silence effrayant, le silence de la mort.

— Diable ! murmura M. Jackal, en faisant cette fois une grimace qu'il eût été impossible d'analyser, tant elle était complexe, c'est-à-dire mélangée d'ennui, de pitié, de dégoût et de surprise. Diable, diable, répéta-t-il sur deux ou trois tons différents.

— Qu'y a-t-il donc ? demanda en blêmissant le sensible Longue-Avoine, qui étudiait la figure du patron, mais sans pouvoir la comprendre.

— Il y a, répondit Jackal, que le pauvre garçon est probablement mort.

— Qui cela, mort? demanda Longue-Avoine en louchant en dedans, au lieu de loucher en dehors.

— Qui donc? Vol-au-Vent, pardieu !

— Vol-au-Vent mort ! murmurèrent en chœur les argousins.

— J'en ai grandement peur, fit M. Jackal.

— Et pourquoi Vol-au-Vent serait-il mort?

— D'abord, j'ai cru reconnaître sa voix dans le cri que nous avons entendu ; et s'il est tombé d'une soixantaine de pieds, comme je le suppose, car on peut mesurer la hauteur d'une chute par le fracas qu'elle produit, eh bien, s'il est tombé d'une soixantaine de pieds, il y a au moins soixante chances sur cent qu'il soit mort du coup, ou que nous le retrouvions bien malade.

Le silence sinistre qui avait suivi le bruit de la chute suivit les paroles de M. Jackal.

Puis on entendit le bruit d'une seconde chute, mais chute plus légère ; on eût dit que quelqu'un venait de sauter à pieds joints d'une hauteur d'une douzaine de pieds, sur le parquet de la salle.

Du moins, ce fut l'opinion de M. Jackal, et il persista, malgré les arguments de Longue-Avoine, dans cette opinion, qui était, on va le voir, d'une justesse admirable.

Cinq secondes après, on entendit derrière la porte, le murmure d'une voix qui disait :

— Est-ce vous, monsieur Jackal?

— Oui. Est-ce toi, Carmagnole?

— Oui.

— Peux-tu nous ouvrir?

— Je le crois. Seulement, il fait sombre comme dans un four, je vais allumer.

— Allume. As-tu les rossignols?

— Je ne marche jamais sans mes oiseaux, monsieur Jackal.

Et l'on entendit le bruit d'une serrure que l'on crochetait.

Mais la porte sembla redoubler de résistance.

— Eh bien? demanda M. Jackal.

— Attendez, j'y suis, dit Carmagnole, il y a d'abord deux verroux.

Il tira les deux verroux.

— Puis une barre. Ah ! diable, la barre est tenue par un cadenas.

— As-tu une lime ?

— Non.

— Je vais t'en passer une par-dessous la porte.

Et M. Jackal passa en effet, par-dessous la porte, une lime fine et mince comme une feuille de papier.

On entendit pendant une minute le bruit de l'acier qui mordait le fer.

Puis la voix de Carmagnole qui disait :

— C'est fait.

— Puis le bruit de la lourde barre de fer qui retombait sur la dalle.

En même temps la porte s'ouvrit.

— Ah ! dit Carmagnole en s'effaçant pour donner passage à son patron, nous en sommes venus à bout, troun de l'air ! Ce n'est pas sans peine.

M. Jackal, à la lueur du rat-de-cave de Carmagnole et de ses deux torches, jeta un coup d'œil rapide dans l'intérieur de la salle. Elle était vide.

— Seulement, vers le milieu, gisait une masse informe et sans mouvement.

M. Jackal fit un mouvement de la tête et de la bouche qui signifiait :

— Je l'avais bien dit!

— Ah! oui, dit Carmagnole, vous regardez.

— Oui. C'est lui, n'est-ce pas ?

— Je l'ai reconnu à son cri, c'est ce qui m'a fait me presser. Tiens, ai-je dit à la Barbette, voilà Vol-au-Vent qui nous dit bonsoir.

— Il est mort?

— Tout ce qu'il y a de plus mort.

— On fera deux cents francs de pension à sa veuve, dit solennellement M. Jackal; maintenant, revenons à l'essentiel, examinons le terrain.

Et les agents, précédés de M. Jackal, entrèrent à sa suite dans une chambre, ou plutôt dans une salle qui mérite une description toute particulière.

Qu'on imagine, en effet, une immense salle circulaire, bâtie dans toute la longueur et toute la hauteur de la maison, c'est-à-dire de soixante pieds de large en tous sens, sur soixante pieds de haut, comme l'avait, d'après le bruit produit par la chute du corps de Vol-au-Vent, si judicieusement estimé par M. Jackal; pavée en dalles, avec des murs blanchis à la chaux s'élevant des fondations au toit bâti en coupole, et éclairée par une fenêtre à tabatière.

C'était immédiatement au-dessous de

cette fenêtre que gisait le corps de Vol-au-Vent.

D'un côté, du côté qui donnait chez la Barbette, la muraille était éventrée à une hauteur de douze ou quinze pieds; une vieille femme, sa chandelle à la main, regardait curieusement par l'ouverture en faisant force signes de croix.

L'ensemble du décor avait quelque analogie avec le temple de Vénus, qui s'élève au bord du golfe de Baïa ; ou, plus exactement encore, avec notre Halle aux Blés, entièrement veuve de ses sacs de farine.

Ce qui complétait cette ressemblance, c'était l'absence totale de tous meubles, ustensiles, objets quelconques. Aucun vestige d'habitants, une nudité absolue, une solitude complète; on se fût crû dans les ruines de quelque habitation cyclopéenne, habitée autrefois par des Titans.

M. Jackal fit le tour de la salle, et en accomplissant le périple, il sentit la sueur de de l'amour-propre blessé perler sur son front.

M. Jackal était évidemment mystifié.

Il regarda autour de lui, en haut et en bas.

Rien au plafond, que la fenêtre par laquelle était tombé Vol-au-Vent.

Rien aux parois, que l'ouverture par laquelle avait sauté Carmagnole.

Ce point principal vérifié, on en revint à la chose secondaire, c'est-à-dire au cadavre de Vol-au-Vent, lequel, comme nous avons dit, gisait au-dessous de la fenêtre, nageant dans une mare de sang, les membres disloqués, le crâne ouvert.

— Le malheureux ! murmura M. Jackal, moins par pitié que pour prononcer, d'une façon quelconque, l'oraison funèbre d'un brave mort au champ d'honneur.

— Mais comment cela s'est-il fait ? demanda Longue-Avoine, et quelle idée a eu

Vol-au-Vent de faire un saut de soixante pieds?

M. Jackal haussa les épaules, sans daigner répondre à Longue-Avoine.

Mais Carmagnole, prenant la parole dont son chef dédaignait d'user.

— Quelle idée? dit-il, il est clair que Vol-au-Vent n'a pas eu d'idée du tout; il a cru sauter du toit dans une mansarde, et il a sauté du toit à un rez-de-chaussée. Ce n'est pas moi qui ferais une boulette comme celle-là.

— Et comment as-tu fait, toi ? demanda M. Jackal ; car je présume que tu n'as pas eu l'imprudence de faire ce que fait la Barbette en ce moment, de regarder avec une chandelle avant de sauter.

— Ah ! bien, oui.

— Voyons, j'écoute, dit M. Jackal qui n'écoutait pas du tout, mais qui n'était pas fâché de cacher son désappointement sous le voile de l'attention.

— Eh bien, vous savez une chose, c'est que nous sommes presque tous pêcheurs ou matelots, dans les villes du littoral de la Méditerranée, depuis les Martigues jusqu'à Alexandrie, et depuis Alexandrie jusqu'à Cette.

— Après? fit M. Jackal, furetant des yeux de tous côtés, et ne laissant causer son acolyte que pour gagner du temps.

— Eh bien, continua Carmagnole, qu'est-ce que nous faisons, quand nous voulons pêcher ou entrer sûrement dans le port? Nous sondons le fond. Qu'ai-je fait? J'ai descendu mon fil à plomb, et quand j'ai vu qu'il n'y avait que trois brasses de vide et fond de dalle, j'ai sauté en pliant les jambes, ayant fait un peu de gymnastique avec un pompier de mes amis.

— Mon cher Carmagnole, reprit M. Jackal, si bon pêcheur que tu sois, j'ai peur, cette fois-ci, que nous ne nous en revenions sans le moindre goujon.

— En effet, dit Carmagnole, je voudrais bien savoir ce que sont devenus les soixante gaillards que nous avons vu entrer dans la maison.

— Nous les avons bien vus, n'est-ce pas ? demanda M. Jackal.

— Parbleu !

— Eh bien, évanouis, envolés, disparus; partez, muscade, le tour est fait !

— Oh! oh! dit Carmagnole, soixante hommes ne disparaissent pas comme une bague, ou une montre, ou comme Jean de Vire, quand le diable y serait!

— Le diable y est, fit M. Jackal, et ils n'y sont pas.

— Je sais bien que cette grande coquine de voûte a l'air d'un gobelet d'escamoteur, mais soixante hommes! Il doit y avoir quelque double fond.

— Où peuvent-ils être, monsieur Jackal? demanda Longue-Avoine à son chef, confiant qu'il était dans l'infaillible perspicacité de celui-ci.

Mais cette fois, M. Jackal avait parfaitement perdu la piste.

— Morbleu! dit-il, tu comprends bien, imbécille, que puisque je ne puis m'expliquer la chose à moi-même, je ne vais pas même essayer de te l'expliquer à toi.

Puis, se retournant vers ses acolytes.

— Voyons, que faites-vous là, à me regarder comme des imbécilles, vous autres? Sondez les murailles avec le bout de vos bâtons, avec la pointe de vos épées, avec les crosses de vos pistolets.

Les porte-gourdins, les porte-épées, les

porte-pistolets obéirent immédiatement, et se mirent à frapper avec acharnement contre la muraille.

Mais la muraille, questionnée aussi brutalement, répondit d'une voix mâle, mais non creuse, comme l'avait vaguement espéré M. Jackal.

— Décidément, mes enfants, dit-il, nous avons affaire à plus fins que nous.

— Ou, comme on dit vulgairement, fit Carmagnole, nous sommes refaits.

— Voyons, une dernière tournée avec les porte-torches.

Comme l'avait dit M. Jackal, les porte-torches alors éclairèrent la marche; M. Jackal venant derrière avec son casse-tête, puis les porte-gourdins, les porte-épées et les porte-pistolets.

Quiconque fût entré en ce moment, et eût vu ces hommes ainsi acharnés contre les murailles, les eût pris, à coup sûr, pour des insensés.

Lorsque les murailles eurent partout répondu non, on passa des murailles aux dalles, et l'on exécuta sur les susdites dalles le même travail de martelage qu'on avait exécuté sur la muraille.

Peine perdue; on ne sentait pas le moindre vide, on ne voyait pas la moindre gerçure.

Au bout d'ue heure de cet exercice inutile, il fallut y renoncer comme on avait renoncé au premier ; et, à défaut d'autres matières, se frapper le front, pour en tirer quelque chose de plus utile que ce que l'on avait tiré et des murs et du parquet.

On entra donc en grande conférence, mais comme il fut prouvé, d'après les renseignements précédemment recueillis, que cette maison n'avait pas de caves, et qu'elle n'était composée que de l'antichambre et de la salle, tous les agents, à l'exception de leur chef, donnèrent leur langue aux chiens, et trouvèrent plus simple de dire qu'il y avait là-dessous quelque mystère ou quelque magie, que de chercher plus longtemps le mot de ce mystère, le secret de cette magie.

Seul, M. Jackal ne désespérait pas.

IX

Le puits qui parle.

Deux hommes enlevèrent le corps disloqué de Vol-au-Vent et le transportèrent de l'intérieur à l'extérieur.

Six hommes restèrent dans la salle.

Puis on éteignit les torches, et M. Jackal

sortit de la maison, suivi de Carmagnole et de Longue-Avoine, que suivait le reste de la troupe.

On laissa dans la rue les deux hommes qui étaient restés dehors ; ils devaient se promener jusqu'au jour du haut en bas de la rue des Postes.

M. Jackal se dirigea, aussi morne, aussi silencieux qu'Hippolyte, la tête aussi basse que celle de ses chevaux, occupé d'une pensée non moins triste que celle qui occupait l'esprit de ces nobles animaux, vers la rue du Puits-qui-Parle.

Immédiatement derrière M. Jackal, venaient Carmagnole et Longue-Avoine.

Derrière Carmagnole et Longue-Avoine, marchait à pas mesurés sur ceux du chef et des deux agents principaux le reste de la brigade.

Mais au moment d'entrer dans la rue du Puits-qui-Parle, M. Jackal s'arrêta.

Carmagnole et Longue-Avoine, voyant leur chef s'arrêter, s'arrêtèrent à leur tour.

Le reste de la troupe suivit l'exemple et fit halte.

Des gémissements semblaient sortir de dessous les pavés.

C'étaient ces gémissements qui avaient

frappé l'oreille exercée de M. Jackal, et il s'était arrêté pour tâcher de découvrir d'où ils venaient.

— Aux écoutes, dit M. Jackal.

Aussitôt chacun tendit l'oreille, les uns demeurant debout et immobiles à l'endroit où il étaient, les autres en collant leur orifice auditif le long de la muraille, les autres en appliquant, comme les sauvages de l'Amérique, le même orifice auditif contre les pavés.

Le résultat de l'auscultation fut qu'un homme poussait d'effroyables gémissements, et que ces gémissements paraissaient sortir du centre de la terre.

Mais à quel endroit précis ces gémissements étaient-ils poussés? c'est ce que personne ne pouvait dire

— Décidément, dit M. Jackal, je commence à croire que j'étais le jouet de quelqu'habile enchanteur. Soixante hommes évaporés comme autant de bulles de savon, les pavés qui appellent au secours, les gémissements qui viennent on ne sait d'où, comme dans la *Jérusalem délivrée* du Tasse, tout cela, mes enfants, donne à notre recherche l'importance d'un combat avec une puissance occulte. Ne nous décourageons pas, néanmoins, et cherchons la clé de ces fantastiques incidents.

Après ce speech destiné à remonter le moral de ses hommes, que la mort de Vol-au-Vent et la disparition des conspirateurs avait quelque peu abattu, M. Jackal tendit de nouveau l'oreille, et chaque homme retenant son souffle, on entendit distinctement les plaintes d'une créature humaine qui semblait enfouie à cent pieds sous terre.

M. Jackal se dirigea vers un point de la rue, et frappant du poing un volet élevé à trois ou quatre pieds de terre :

— Le bruit vient d'ici, dit-il.

Carmagnole approcha.

— En effet, dit-il, la voix semble sortir de ce puits, et j'ajouterai que ce n'est pas étonnant, pour moi du moins, puisque nous avons affaire au Puits-qui-Parle.

Plusieurs de nos lecteurs ignorent sans

doute jusqu'au nom de la rue et jusqu'à l'existence du Puits-qui-Parle.

Hâtons-nous donc de leur dire que cette rue est située entre la rue des Postes et la rue Neuve-Sainte-Geneviève, et qu'à la base de l'angle de cette rue, en retour sur la rue des Postes, est un puits fermé, au-dessus de la margelle, par un volet.

Ce puits, c'est celui qui a donné son nom à la rue.

Pendant le moyen-âge, les habitants de ce quartier ne passaient point sans frémir, une fois la nuit venue, dans cette rue, terminée par un puits béant.

En effet, plusieurs bourgeois des plus braves, plusieurs écoliers des moins timorés, déclaraient avoir entendu sortir du gouffre des bruits étranges, des éclats de voix bizarres, des chants proférés dans une langue inconnue ; d'autres fois, c'était le son de marteaux gigantesques retentissant sur d'immenses enclumes ; tantôt le retentissement de chaînes de fer dont on semblait, pendant des heures entières, égrainer les anneaux sur des dalles de marbre.

De plus, l'ouïe n'était pas le seul sens qui fût désagréablement affecté, lorsqu'on passait dans la rue ou lorsqu'on demeurait aux environs de ce soupirail de l'enfer ; il en sortait mille odeurs infectes, mille miasmes délétères, des émanations de soufre et de charbon, toutes causes suffisantes aux pestes, aux fièvres qui désolèrent particulièrement le quatorzième et le quinzième siècles.

Qui causait ce bruit, qui répandait ces miasmes putrides? nous l'ignorons. La légende se contente de constater le fait, sans remonter ou plutôt descendre à la source; seulement, ainsi qu'on fait lorsqu'on ignore la cause d'un bruit souterrain, on accusait une bande de faux monnayeurs d'habiter les cavernes avec lesquelles le puits était en communication.

De leur côté, les âmes religieuses voyaient là, tout à la fois, une menace terrible et un avertissement charitable du Seigneur, qui permettait que le bruit des gémissements des damnés montât jusqu'à la terre par ce formidable puits qui leur servait de conducteur.

Il est certain qu'un puits d'où jaillissaient de pareilles rumeurs et qui répandait de pareilles exhalaisons, pouvait être, avec raison, nommé le Puits-qui-Parle, et comme venait de le faire judicieusement observer Carmagnole, un puits qui, au quatorzième et au quinzième siècles, avait jeté de si grands cris, pouvait, au dix-neuvième, pousser quelques gémissements!

Disons que, depuis quelques années déjà, en 1827, le puits était fermé aux habitants du quartier, soit parce qu'il était à sec, soit parce que le préfet de police avait cru devoir déférer aux réclamations de quelques voisins timorés.

— Enlevez-moi cette porte-là, dit M. Jackal à un de ses hommes.

Celui auquel l'ordre était donné s'avança avec une pince; mais au premier effort qu'il fit, il s'aperçut que le cadenas était brisé.

La porte céda donc sans résistance.

M. Jackal passa sa tête par l'ouverture, prêta l'oreille, et entendit sortir des entrailles de la terre ces mots prononcés par une voix caverneuse.

— Seigneur! Seigneur! faites un miracle pour votre tout dévoué serviteur.

— C'est une personne religieuse, dit Longue-Avoine en se signant.

— Seigneur! Seigneur! continua la voix, je confesse tous mes péchés, et je m'en repens. Seigneur! Seigneur! faites-moi la grâce de revoir la lumière du ciel, et je passerai le reste des jours que je vous devrai pour bénir votre saint nom.

— C'est particulier, dit M. Jackal, il me semble que je connais cette voix-là.

Et il écouta plus attentivement encore.

La voix reprit :

— J'abjure mes erreurs, je confesse mes crimes. J'avoue avoir été toute ma vie un abominable scélérat, mais je crie grâce des profondeurs de l'abîme.

De Profundis clamavi ad te, psalmodia Longue-Avoine, en priant pour le pécheur inconnu.

— Bien certainement j'ai déjà entendu cette voix-là, murmura M. Jackal, qui avait au plus haut degré la mémoire des sons.

— Moi aussi, dit Carmagnole.

— Si Gibassier n'était pas en ce moment au bagne de Toulon, où il doit se trouver plus chaudement qu'ici, reprit M. Jackal, je dirais que c'est lui qui est *in extremis*, et qui fait son examen de conscience.

Le personnage qui était au fond du puits entendit sans doute cet échange de paroles au-dessus de sa tête, car, changeant subitement d'intonation, il hurla plutôt qu'il ne cria.

— A l'aide! au secours! à l'assassin!

M. Jackal secoua la tête.

— Il crie à l'assassin, dit-il; ce ne peut être Gibassier, à moins qu'il n'appelle du secours contre lui-même.

— Au secours! sauvez-moi, répéta la voix.

— Tu demeures dans le quartier, Longue-Avoine? demanda M. Jackal.

— A deux pas d'ici.

— Tu dois avoir un puits?

— Oui, monsieur.

— Alors, à ton puits il y a une corde?

— De cent cinquante pieds.

— Va chercher ta corde.

— Pardon, monsieur Jackal? demanda Longue-Avoine.

— Il reste une poulie; rien de plus facile que de descendre.

Longue-Avoine fit une moue qui signifiait : Facile pour vous peut-être, mais pas pour moi.

— Eh bien? fit M. Jackal.

— On y va, monsieur, dit Longue-Avoine, et il disparut du côté de l'impasse des Vignes.

Cependant, la voix continuait toujours, et sur le plus haut ton de la gamme, non plus cette fois en pécheur repentant, mais en blasphémateur, jurant de la plus épouvantable façon.

— Sauvez-moi, mille dieux ! au secours ! sacré nom ! on m'assassine, cré tonnerre ! enfin, tous les jurons que Galilée Copernic avait exigés de Fafiou pour donner plus de solennité à ses engagements.

Toutefois, les jurons que peut se permettre un pitre sur les tréteaux ne sont point excusables de la part d'un homme enterré provisoirement à cent pieds sous terre.

M. Jackal pencha la tête du côté du puits, et cria au patient impatienté :

— Eh ! mille noms d'un diable ! attends, on y va.

— Dieu vous le rende, répondit l'inconnu, complétement calmé par cette promesse.

Sur ces entrefaites, Longue-Avoine reparut, portant entre ses bras la corde de son puits roulée en forme de 8.

— Bon, fit M. Jackal, passe ta corde dans la poulie ; maintenant tu as une ceinture solide, n'est-ce pas !

— Oh ! quant à cela, oui, monsieur Jackal.

— Eh bien! nous allons t'accrocher par la ceinture, et tu vas descendre au fond de cela.

Longue-Avoine recula de trois pas.

— Eh bien ! qu'est-ce qui te prend? demanda M. Jackal; est-ce que tu refuses de descendre dans ce puits?

— Non, monsieur Jackal, répondit Longue-Avoine, je ne refuse pas positivement, mais je ne veux pas accepter non plus.

— Et pourquoi cela?

— Il m'est formellement interdit par mon médecin de séjourner dans les endroits humides, à cause de la disposition que j'ai aux rhumatismes, et j'ose dire que je crois le fond de ce puits rempli d'humidité.

— Je te savais bien poltron, Longue-Avoine, dit M. Jackal, mais pas encore à ce point-là. Allons, défais ta ceinture e donne-la moi. C'est moi qui descendrai.

— Mais ne suis-je pas là, monsieur Jackal, moi, dit Carmagnole.

— Je sais que tu es un brave, Carmagnole. Mais j'ai réfléchi; je préfère descendre. Je ne sais pourquoi, mais j'ai bonne opinion de ce que j'apprendrai au fond de ce puits.

— Naturellement, dit Carmagnole; ne dit-on pas que c'est là qu'on rencontre la vérité?

— On le dit, en effet, spirituel Carmagnole, dit M. Jackal, en fixant autour de ses reins la ceinture de Longue-Avoine, ceinture semblable à celle de nos pompiers, c'est-à-dire large de quatre pouces environ et au centre de laquelle était fixé un anneau.

Et maintenant, continua M. Jackal, deux hommes vigoureux pour maintenir cette corde.

— Me voilà, se hâta de dire Carmagnole.

— Non, pas toi, dit M. Jackal, refusant aussi vivement que Carmagnole avait offert. J'ai grande confiance en tes forces morales, mais aucune foi dans tes forces physiques.

Deux des porteurs de torches, deux hommes courts, trapus, carrés, robustes et noueux comme des chênes, s'emparèrent d'une des extrémités de la corde; l'un d'eux l'attacha solidement autour de la taille de son camarade et fit lui-même un nœud autour de son poignet, après l'avoir préalablement passée dans la poulie.

Après quoi M. Jackal, ayant fait entrer l'anneau dans le crampon de fer attaché à l'autre bout de la corde, monta sur la margelle du puits et dit à ses hommes d'une voix dans laquelle il était impossible de remarquer la moindre altération :

— Attention, enfants !

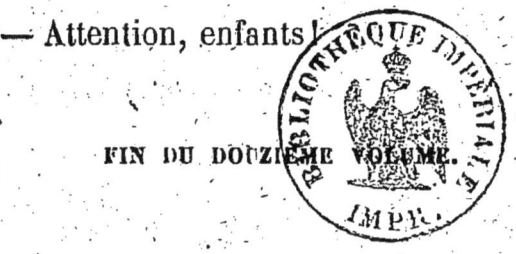

FIN DU DOUZIÈME VOLUME.

Fontainebleau. — Imp. de E. Jacquin.

Ouvrages de A. de Gondrecourt.

Le Baron Lagazette.	5 vol.
Le Chevalier de Pampelonne.	5 vol.
Mademoiselle de Cardonne.	3 vol.
Les Prétendants de Catherine.	5 vol.
La Tour de Dago.	5 vol.
Le Bout de l'Oreille.	7 vol.
Un Ami diabolique.	3 vol.
Médine.	2 vol.
La Marquise de Candeuil.	2 vol.
Le Légataire.	2 vol.
Le dernier des Kerven.	2 vol.
Les Péchés mignons.	5 vol.

Ouvrages d'Alexandre Dumas fils.

Le Roman d'une Femme.	4 vol.
Tristan-le-Roux.	3 vol.
Le Docteur Servans.	2 vol.
Césarine.	1 vol.
Aventures de quatre femmes.	6 vol.

Ouvrages de Léon Gozlan.

Georges III.	3 vol.
Aventures du Prince de Galles.	5 vol.
La Marquise de Belverano.	2 vol.

Fontainebleau, imprimerie de E. Jacquin.

www.ingramcontent.com/pod-product-compliance
Lightning Source LLC
Chambersburg PA
CBHW060356170426
43199CB00013B/1888